京游日誌

明治二十年の
秋田・東京往還記

無明舎出版

伊藤直純＝著
加藤愼一郎＝校注・訳

京游日誌——明治二十年の秋田・東京往還記◉目次

はしがき　5
凡例　6
外題《げだい》（表紙に記された書名）　7
京游日誌第一号　8
二月五日　金沢（自宅）出発。横手を経て湯沢泊
二月六日　横堀、院内を経て及位泊
京游日誌第二号　14
二月七日　金山、新庄を経て舟形泊
二月八日　楯岡、尾花沢、天童を経て山形泊
二月九日　山形滞在。狩野徳蔵、山形県知事等と会う。
京游日誌第三号　21
二月十日　上の山、楢気等を経て滑津泊
二月十一日　七宿、小阪峠、桑折を経て福島泊
二月十二日　二本松、本宮等を経て白河泊
二月十三日　黒磯から汽車に乗って東京着。日本橋島屋平七方に宿を取る。
二月十四日　青山知事、北畠道龍師、上遠野冨之助等と会う。
二月十五日　犬養毅等と会う。京地の景況を記す。
京游日誌第四号　33
二月十六日　宿にこもって旧知多数に会う。
二月十七日　奈良原鉄道会社社長等に会う。上野公園内の動物館を見る。
二月十八日　奈良原社長等を接待する。上野の博物館、銀座の勧工場を見る。
京游日誌第五号　38
二月十九日　日本橋区南槙町真鍋録造方に転居。吾妻橋の佐竹邸で佐竹従五位侯の饗応を受ける。帰路、赤星敬次郎と別れを惜しむ。
二月二十日　浅草に散歩し、それから九壇の游就館を見物する。
京游日誌第六号　44
二月二十一日　九州鉄道会社創立委員嘉悦氏房が来訪し、鉄道について話し合う。
二月二十二日　吉井宮内次官を訪ね、その後根本通明、高島嘉右エ門の易学の講義を聴く。
京游日誌第七号　49
二月二十三日　鉄道会社訪問の後、漢詩の馬杉雲外翁を訪ね語り合う。
二月二十四日　薩摩出身の秋田大林区長を訪ね、薩摩人の隆盛に接する。
二月二十五日　着京した横山勇喜と行動を共にする。
二月二十六日　青山知事と国道について話し合い、知事から担当者に計る旨の言を引き出す。
京游日誌第八号　54
二月二十七日　一条実輝を訪ね歓待される。
二月二十八日　北畠道龍を訪ね御馳走になる。
三月一日　吾妻兵治を訪ねる。

三月二日　榎本武揚、後藤象二郎、高橋基一、矢野龍渓など錚々たる面々を訪ねる。その合間には赤穂義士の墓所や芝浦の料亭にも
京游日誌第九号　60
三月三日　北畠道龍が鉄道問題について総理に説くことを明言
三月四日　鉄道委員出京日誌の編纂を委託される。
三月五日　いよいよ忙しくなり人を雇う。日中は最上広胖の豪邸を訪ね梅の名所に遊ぶも、夜は読み合わせ等に追われる。
三月六日　鉄道局長等を訪ねるが空振りが多い。
三月七日　鉄道のことで各方面に奔走。その合間に国道のことも
京游日誌第十号　66
三月八日　熊本県役人から九州鉄道の調書を借覧。山形、秋田、青森の三県人で事業上の協議。黄昏には松本技師を訪問
三月九日　暴風雨の中、鉄道事件関係で上京した秋田、青森、山形県人の親睦会開催
三月十日　吾妻兵治ほか千客万来
三月十一日　籠谷定雄ほか千客万来
三月十二日　皇太后宮の帰京を拝観した後、田口卯吉、末広鉄腸等と面談。得るところあり。
京游日誌第十一号　73
三月十三日　後藤象二郎と面談する。印象強烈
三月十四日　小関をぬすみ根本通明の講義を聴く。
三月十五日　高等中学、商業学校等を見学する。
三月十六日　東京職工学校及び帝国大学を見学。その後、北畠道龍からの招宴に赴く。
京游日誌第十二号　81
三月十七日　都下の経済人等と鉄道事業を語り合う。
三月十八日　工科大学や訓蒙唖院等を見学する。
三月十九日　市ヶ谷監獄見学。その後秋田懇親会。盛況
三月二十日　仮住まいが移転。東北鉄道会社創立に向けた動き好調の感触
京游日誌第十三号　90
三月二十一日　早朝、青山知事を訪ね国道線の状況を聞く。午後は芝紅葉館での有志懇親会に参加
三月二十二日　第二回奥羽鉄道発起人会に出席
三月二十三日　石井忠景、赤星敬次郎等を訪ねる。赤星は秋田行きを請う。
京游日誌第十四号　95
三月二十四日　三井物産等を訪問
三月二十五日　山形人と面会の帰路、観兵式を見る。午後は賞勲局総裁等の招宴に出席
三月二十六日　昨晩の宴会の答礼等に回る。
三月二十七日　帰任する青山知事を送る。新潟人等と協議
三月二十八日　元老院議官を饗応する。欽定憲法の是非も

議論
三月二十九日　二日酔い。来客絶えず。終日在宅
京游日誌第十五号　101
三月三十日　陸軍の馬術家の乗馬術を目にする。
三月三十一日　上野の彼岸桜を見る。ややゆとりが出て友人と散歩、食事、工芸共進会見物。伊香保の湯を入れた温泉にも入る。
四月一日　平福穂庵に揮毫を催促。吾妻橋の工事を見る。赤星が大久保を診察
四月二日　立憲改進党の演説会を聴く。
京游日誌第十六号　106
四月三日　上野で事業上の相談会。終了後は上野公園等で憩う。
四月四日　青森人と相談会
四月五日　穂庵から絵を受け取る。赤星と銀座で買物
四月六日　友人の小原毅が腸チフスに罹る。その世話等に当たる。
京游日誌第十七号　112
四月七日　帰県する大久保を送る。午後は長時間の散策に出かけ疲れ果てる。
四月八日　根本通明等を訪ねる。根本からは刀を託される。
四月九日　赤星と穂庵を訪問する。
京游日誌第十八号　117
四月十日　小原、横山等を訪ねる。
四月十一日　北畠道龍、小原等を訪ねる。
四月十二日　小原が快方に向かい、帰県を決める。犬養等に別れを告げる。谷田部梅吉の送別会に出席する。
四月十三日　赤星とともに東京を去る。離京の感慨に浸る。白河まで到達
京游日誌第十九号　122
四月十四日　福島まで達する。赤星は郷里へ。独り取り残される。
四月十五日　福島から仙台に達する。かつての友人宅を訪ねる。
四月十六日　恩師国分先生ほか知人を訪ねる。
四月十七日　国分先生はじめ多くの人と会う。
京游日誌第二十号　127
四月十八日、十九日　夕刻仙台を発つ。途中旧友宍戸に会う。小野村で盗難に遭うも、八方手を尽して間もなく見つかる。御者等の仕業か。
四月二十日　黒沢尻を経、横手に向う平和街道に入り、山中に宿泊する。
四月二十一日　遂に金沢に還る。その喜び、筆に尽せず。日誌の終りに当り、この行の感慨を記す。
抱腹奇聞　京游日誌附録　140
解題　146

はしがき

本書は、明治二十年（一八八七年）、秋田県南部に位置する横手盆地の若き政治家　伊藤直純が、県の鉄道敷設請願委員の一人として上京した際の日誌を翻刻し、注釈と現代語訳を付したものである。

当時の日本は、鹿鳴館時代の末期であるとともに、憲法発布、議会開設を数年後に控え、大同団結運動により自由民権運動が再び盛り上がりを見せようとしていた。また、東北の交通事情を見ると、日本鉄道会社による現在の東北本線の前身である鉄道路線が、上野から黒磯まで既に開通し、黒磯～仙台・塩釜間もその年の十二月には全て開通しようとしていた。

こうした時代の東北と東京の世相の一端を、伊藤の体験と見聞を通して読み取っていただきたい。これが本書を刊行したねらいである。

校注・訳者　加藤愼一郎

凡例

一　底本は次のとおりである。
藤子皦記『京游日誌』　横手市立横手図書館所蔵の「伊藤耕餘文庫」中の一冊

二　底本は漢字片仮名交じり文であるが、漢字平仮名交じり文に改めた。仮名遣い、送り仮名は底本のままとした。底本には句読点がないが、読みやすくするため適宜付した。

三　底本には頭注又は眉批《びひ》と目される朱筆の書き込み（本文の筆者とは別人の筆と思われる。）があるが、省略した。

四　常用漢字表にある文字はその字体に改めた。

五　会話部分には「　」を付し、判読できなかった文字は□で表わした。

六　振り仮名は、難解な漢字等に現代仮名遣いにより付した。

七　注釈は、人名、地名、難解な語句等について、日誌の一日ごとに脚注として付した。

八　日誌の一日ごとに、上段に原文と脚注を、下段に現代語訳と時には校注・訳者の「寸感」（アミ掛けで表示）を配した。

九　本書の中には、現代の人権意識に照らして不適切と思われる表現や語句があるが、原文の歴史性を考慮してそのままとした。

十　本書の目次には、日誌の一日ごとに当該日の概要を付した。

明治廿年 京游日誌

藤子皦記

全

京游日誌第壱号　明治二十年二月七日朝

於及位駅[一]高橋方　藤子皦《とうしきょう》[二]記

余過《あやまち》て[三]金沢[四]志士の推撰《すいせん》を蒙り、横手、大曲間国道線の実況を県知事に具申せんと欲し、[五]明治二十年一月十有六日を以て県庁下[六]に到り、淹留《えんりゅう》[七]二旬に垂々《なんなん》とす。偶《たまたま》鉄道請願の議、在県志士[八]乃《すなわ》ち県会常置委員[九]の間に喧《かまびす》しく、将《まさ》に委員を挙《あげ》て之《こ》れを東京に派遣せんとするに至る。県知事之れを聞き大《おおい》に嘉《よ》みし、更《さ》らに各郡よりも委員を挙て之れを東京に派遣せしめんと欲す。乃ち之れを各郡長に諭し、急《にわか》に其人を撰《えら》はしむ。蓋《けだ》し南秋[一〇]より一人、北三郡[一一]、雄平仙[一二]より各壱名、在県志士より二人、通計五名なりと云《いう》。於是《ここにおいて》余雄平仙の委員に挙けられ、必ず出京せずんばあるべからざるの場合に際会し、二月一日を以て一《ひ》と先《ま》つ郷に還る。蓋し京に到れば国道線の事に付《つき》大に為す処あるを以てなり。二日を経て県会議長大久保鉄作[一三]氏来《きた》り、出京を余に促す。

京游日誌第一号　明治二十年二月七日朝

及位駅の高橋方に於いて　藤子皦記す。

私は、思いがけず金沢の志ある人たちの推薦を受け、横手、大曲間の国道路線の実情を県知事に具申しようと、明治二十年一月十六日に県都に到着し、滞在すること二十日になろうとしていた。その時、たまたま鉄道請願の議論が、在県志士すなわち県会の常置委員の間で沸騰しており、委員を選んで東京に派遣しようということになった。県知事はこれを聞いて大いに喜び、さらに各郡からも委員を選んで東京に派遣しようとした。そこで、このことを各郡長に説いて急いでその委員を選ばせたのである。それは、南秋から一人、北三郡、雄平仙から各一人、在県志士から二人、合計五人ということであった。そこで私は雄平仙の委員に挙げられ、必ず上京しなければならない事態となり、二月一日をもってひとまず郷里に帰った。というのは、上京すれば国道路線のこ

県会議員鈴木常吉[一四]氏、神宮寺村冨樫清[一五]氏随《したが》へり。大久保氏云《いわ》く「出京委員は在県志士より余及《および》武石敬治[一六]氏にて、北三郡よりは横山勇喜[一七]氏なり。南秋の如きは未《いま》た其人の決するものなしと雖《いえ》とも、日ならずして必す出《い》つるものあらん。鈴木氏は鉄道事件に付雄平仙を巡回せんと欲して来れるものなれは、雄勝より直ちに帰県すべしと雖とも、冨樫氏の如きは京地《きょうち》水道の実況を目撃して之れを県庁下に試んと欲して来れり。必す与《とも》に東京に到るを得ん」と。余乃ち酒を命し団欒相む〔ママ〕[一八]。河村氏、本間氏[一九]侍べり酌む。蓋し明旦《みょうたん》を期し発程せんと欲し、聊《いささか》留別の意を表するのみ。乃ち記して京游日誌の発端となす。

一　秋田県から山形県に越えたときの最初の羽州街道の駅（宿場）。現在の最上郡真室川町及位
二　伊藤直純の中国風の筆名
三　自分が選ばれたことを謙遜しての表現であろう。
四　現在の秋田県横手市と仙北郡美郷町にまたがる金沢地区を

とについて大いになすべきことがあるからである。

二日が経って県会議員の大久保鉄作氏がやって来て、上京を私に促した。県会議長の鈴木常吉氏と神宮寺村の冨樫清氏を伴ってのことであった。大久保氏が言うには「上京する委員は在県志士から自分と武石敬治氏、北三郡からは横山勇喜氏である。南秋などはまだ決まっていないが、いく日も経たずに必ず出ることになろう。鈴木氏は鉄道事件について雄平仙三郡を巡回しようとして来たのであるから、雄勝より直ちに県都に帰るだろうが、冨樫氏などは東京の水道の実況を直に見て県都で実地に移そうとしてやって来たのである。必ず一緒に東京に行くはずである」と。私はそこで酒を用意させ車座になって酒を酌み交わした。河村氏と本間氏も同席して飲んだ。これは、明朝を期して出発しようと思い、いささか別れの意を表しようとしたのである。以上記して京游日誌の発端とする。

指す。当時は仙北郡金沢中野村、金沢本町村、安本村、金沢村、野荒町村から成る。
五　当時、横手、大曲間の新国道路線の計画について、旧羽州街道に沿って金沢、六郷を経由するか角間川を経由するかの争いがあった。
六　県都すなわち当時の南秋田郡秋田町のこと。
七　長い間滞在すること。
八　県都に在って県政に関与する志ある人たちという意であろう。
九　県会議員から互選され会議を構成し、知事の諮問に応じ意見を述べ、急施の案件を議決し、追って県会に報告することを職務とした。
一〇　南秋田郡のこと。
一一　鹿角、北秋田、山本の三郡のこと。
一二　雄勝、平鹿、仙北の三郡のこと。
一三　1850~1921年。現秋田市出身の言論人、政治家。後に衆議院議員、秋田市長。号　霞城。伊藤耕餘『故人の面影』(一九三二年)参照
一四　不詳。河辺郡選出
一五　不詳
一六　1858~1904年。現秋田県湯沢市出身の政治家。当時県会議員、後に衆議院議員。『故人の面影』参照
一七　1852~1897年。現秋田県大館市出身の政治家。当時県会議員、後に衆議院議員。『故人の面影』参照
一八　「相酌む」の誤記か。
一九　同郷の友、河村寅之助(号　晩香。『故人の面影』参照)、

本間純造（号　菊水）か。

二月五日　風雪太甚《はなはだ》し

夙《つと》に起き旅装を着け双親《そうしん》に辞し、午前九時を以て大久保、鈴木、冨樫氏等と途上に上る。親戚、朋友来《きたり》て余を送る。横手に到《いたり》高垣[一]を問ふ。在らず。沼田[二]を問ひ、川井郡長[三]を問ふ。皆在らず。乃ち横手を発し湯沢に向《むか》ふ。於是風雪益々勢を加へ手亀足凍[四]殆んと堪へざらんとす。十文字[五]に到り一亭に憩ひ午餐《ごさん》を喫し、午后二時を以て途に上る。黄昏《たそがれ》に及て湯沢に到り藤田幸助方に投す。此夜湯沢有志諸氏宴を張り一行を饗《きょう》す。偶武石敬治氏あり、明旦《みょうたん》を以て与《とも》に京に発せんとす。於是余輩大に悦《よろこ》ひ相酌《あいじゃく》夜半に到る。

二月五日　風雪がすさまじい。

朝早く起きて旅仕度を整え両親にあいさつし、午前九時に大久保、鈴木、冨樫氏らとともに旅立つ。親戚、友人がやって来て私を見送る。横手に着いて高垣を訪ねたが居ない。沼田を訪ね、川井郡長を訪ねるが皆居ない。そこで横手を発って湯沢に向かう。この時、風雪が増々勢いを増して手は亀のようにちぢかみ、足は凍りつきほとんど堪えられないほどだ。十文字に到りある店で休んで昼食を摂り、午後二時に出発する。黄昏《たそがれ》までかかって湯沢に着き藤田幸助方に泊まる。この夜湯沢の有志諸君が酒席を設けて一行をもてなしてくれた。そこにたまたま武石敬治氏も居て、明朝一緒に上京するとのこと。これを聞

一　不詳。二月十五日の条に登場する高垣徳治とは別人であろう。
二　終生の友　沼田宇源太（1861〜1911年。号　雪窓。後に衆議院議員。伊藤耕餘『故人の面影』参照）であろう。
三　当時の平鹿郡長、旧秋田藩士の川井忠雄であろう。四月八日の条参照
四　訓みは「しゅきそくとう」か。手は亀のようにちぢかみ足は凍りつくという意であろう。
五　現横手市十文字町

二月六日　晴寒風肌を刺す

午前第九時轌《そり》を命し藤田方を発し、横堀[1]を経、院内[2]に到り午餐《ごさん》を喫す。之れより山形県及位に到るの間杉嶺《さんれい》あり。轌に乗る事克《あた》はす。乃《すなわち》徒歩して行く。嶺下《れいか》に到れは雪路《ゆきじ》殆と絶《ぜっ》し行歩《こうほ》頗《かた》る難し。加ふる風雪俄かに起り忽ちにして傘上《さんじょう》寸を積む。於是一行与に雄を鼓し漸くにして嶺頂を越へ、午後七時を以て山縣《やまがた》管内及位駅に達し旅肆《りょし》高橋方に投す。高橋方は旧秋田藩本陣にして客を遇する事甚工《はなはだたくみ》なり。余輩相

いて我々も大いに喜び酒を酌み交わして夜半に至った。

厳冬のなかの旅立ち。横手盆地の風雪の厳しさは「手亀足凍」という語に凝縮されている。

二月六日　晴、寒風が肌を刺すように冷たい。

午前九時、轌を雇って藤田方を出発し、横堀を経て院内に到り昼食を摂る。院内から山形県及位に至る間は杉が生い茂る峰が続く。轌に乗ることはできない。したがって歩いて行く。峰の麓に到ると雪道はほとんど消えて歩行がとても難しい。加えて風雪が急に起って忽ち傘に雪が積もる。そこで一行は互に励まし合ってやっとのことで峰の頂上を越え、午後七時に山形管内の及位駅に着き、旅館高橋方に宿を

投するや或は茶を烹、或は酒を暖め懇侍[三]甚至れり。殊に館山に対し川に枕らし、吟客《ぎんかく》[四]をして忽ち唫袋[五]を叩かしむ。余輩寓する処の壁上《へきじょう》川田編輯官の作あり。記して実景記の足らざるを補ふ。

絶壁懸崖壁瀬奔　誰図龍駕此停輦　塩根嶺近連山脈　藻上川初見水源　淵底潜鱗驚日影　雨余古木浴天恩　従来四海皆王土　何処雲林不禁園[六]

京游日誌第壹号終

一　現秋田県湯沢市横堀

二　現湯沢市下院内

三　「懇待《こんたい》」（ねんごろにもてなすこと。）と同義か、その間違いか。

四　詩人

五　「唫」は「吟」と同じ意味もあるので、うたう袋、詩歌を生みだす袋の意か。訓みは「きんたい」であろう。

六　明治一四年の明治天皇東北巡幸の際、天皇はこの高橋方で小休止され、そこからの景色を愛でて随従した川田編輯官（川田剛。1830～1896年。当時は一等編修官兼内閣大書記官従五位、巡幸日誌『隋鑾紀程』の作者として有名）に作らせた詩である。

とった。高橋方は旧秋田藩本陣であって客をもてなすのがたいそう上手い。我々が投宿するやいなや茶を煎れたり、酒を暖めるなど懇ろな接待はとてもすばらしい。とりわけ宿の建物は山に向き合い川を背にしているので、詩人はたちまちにして詩想が湧くにちがいない。我々が身を寄せた部屋の壁面に川田編輯官の作った詩があった。それを記して私の景色描写の不足を補うこととする。（漢詩は略）

京游日誌第一号終り

最初の難関、雄勝峠（別名杉峠、院内峠）越え。風雪の中「雪路殆と絶し」た峠を越える心細さと困難さが伝わってくる。

「壁瀬」は「碧瀬」の、「輦《れん》」は「轅《ながえ》」の誤記か（『山形県行幸記』（一九一六年）参照）。「龍駕《りょうが》」は天子の乗る車、「淵底《えんてい》」はふちの底、「潜鱗《せんりん》」は水中にひそむ魚、「雨余《うよ》」は雨あがり、「雲林」は雲がかかる高山の林、「禁園《きんえん》」は宮中の庭園の意。「塩根嶺」は現在の「主寝坂峠」、「藻上川」は現在の「最上川」（実際はその支流の真室川）のことであろう。詩全体の意味は次のようなものか。

　断崖絶壁の間をみどりの急流が流れる。誰が天子の車がここに停まると思うだろうか。塩根嶺が間近に山脈を連ねている。藻上川が源流を初めて見せる。ふちの底にひそむ魚は日の影に驚き、雨あがりの古木は天のめぐみを浴びている。元々世界はみな天子の支配する土地だ。高山の林であろうと天子の庭でないところはない。

京游日誌第貳号

二月七日　霽《せい》

昨日の徒行に疲れ大に睡眠を貪《むさぼ》る。午前九時漸く装ひなり、轌《そり》を買ひ金山に向ふ。及位、金山間には有名なる塩根坂ありて、其嶮杉嶺《さんれい》に過ぎたりと雖とも、山形県より日々に許多《きょた》之囚人を出し雪路《ゆきじ》を作る

京游日誌第二号

二月七日　晴

昨日の徒歩による旅で疲れて大いに睡眠をむさぼる。午前九時漸く身仕度ができて、轌を雇って金山に向かう。及位、金山間には有名な塩根坂があって、その険しいことは先に越してきた杉の峰以上だが、山

を以て、雪車《そり》の行又其嶮を感ぜざるなり。此行厭迄《あくまで》山水を貪ると雖とも、俗務の考へ全く風流心を消滅して吟袋《ぎんたい》更らに一絶を出さず。実に切歯に耐へざるなり。正午金山に達し旅肆《りょし》大丸屋に投じ午餐《ごさん》を命す。午後復《また》轌を傭ひ新庄に到り少憩す。憩ふ処ろの亭中一商人あり。薄荷《はっか》之購買をなす。其価を問へは一斗に付十六、七円なりと曰ふ。蓋し山形地方は薄荷の産地なれとも、近年之れが培養を事とし之れが製作を為すもの許多なるを以て、受用供求[二]其権衡を失し価額頗《すこぶる》落したりと云。新庄より轌丁[三]を更《か》へ舟形[四]に趣く途上、日全く没し暫く困難したりと雖とも、幾《いくば》くもなく東嶺月を吐き、宛も白昼に異ならず。亦奇と云ふべきなり。六時半舟形に達し旅肆伊藤幸三郎方に投す。伊藤方は客冬《かくとう》[五]祝融[六]の災に罹り、新築未《いまだ》成工を告けず。殊に今夕は旅客多く混雑尤も甚し。然れとも漸く楼隅の一室に籠り、僅かに一霄《いっしょう》[七]を消し得たり。亦僥倖《ぎょうこう》と云ふべきなり。

形県から毎日沢山の囚人を出して雪道を作ることによって、轌で行くのも険しさは感じられない。この旅はあくまでも風光を味わう旅であると言っても、世俗の事を考えると全く風流心が消えてしまい一首も浮かんでこない。実に残念なことこの上もない。正午に金山に着いて旅館の大丸屋に休み昼食を注文する。午後再び轌を雇って新庄に到り少し休む。休憩した店に一人の商人がいた。ハッカの商いをするとのこと。その価を聞くと一斗に付き十六、七円であるという。思うに山形地方はハッカの産地だけれども、近年これを栽培しこれを作る者が多くなったことにより、需要供給が権衡を失い価額が著しく下落したという。新庄より轌を引く人夫を新しくし舟形に向かう途中、日が完全に暮れて暫く難儀したが、間もなく東の嶺から月が上り、まるで真昼のようだ。また珍しいと言わなければならない。六時半に舟形に着いて旅館伊藤幸三郎方に入る。伊藤方は昨年の冬に火災に遭い、新築は未だ完成を見ていない。特

一　現山形県最上郡金山町
二　「需要供給」に同じ。
三　轌を引く人夫。訓みは「せってい」か。
四　現最上郡舟形町
五　去年の冬
六　火事
七　「霄」とは、みぞれ、そら、夜等の意味がある。ここはどの意味か定かでない。現代語訳ではとりあえず「そら」の意味に解して訳した。

二月八日　朝風雪面《おもて》を侵せとも午後少《すこし》く穏かなり

早起《そうき》旅装を着け第五時を以て寓を発し、舟形[一]に到り旅肆《りょし》島田八右衛門方に小憩す。偶《たまたま》青山知事[二]の一行新庄より来る。蓋し余輩の一行知事に先たつこと二日にして秋田を発したれとも、途上少《すこし》く時日を費したるが故に茲《ここ》に至れるなり。乃《すなわ》ち暫く談話をなして相分る。之れより知事は楯岡[三]より関山[四]を経、仙台に出て、余輩の一行は楯岡より天童を経、山形

に今夕は旅客が多く最も混雑していた。それでも漸く建物の端っこの一室に入り、かろうじて野宿を免れた。これまた幸運と言わなければならない。

二月八日　朝は風雪が顔面を叩いたが午後には少し穏やかになった。

朝早く起きて旅仕度を整え五時に宿を出発し、楯岡に到り旅館島田八右衛門方で休憩する。そこへ偶然青山知事の一行が新庄からやって来た。その訳は、我々の一行が知事より二日早く秋田を発ったけれども、途中少々日数を費やしてしまったからである。そこで暫く語り合って別れた。これより知事一行は楯岡から関山を経て仙台に出、我ら一行は楯岡から

に赴く。尾花沢は積雪に名ある地なれとも、本年は降雪僅少なるが故に未た屋《おく》を没するに及はず。然れとも、之れを舟形、楯岡等僅々三、四里を隔つる処に比して、壱層の大雪なる状あり。之れ其名ある所以《ゆえん》乎。余輩天童に到るや、轌を廃し腕車を命して行く。蓋し車丁等喃々《なんなん》五轌の通せざるを説《とく》が故なり。乃ち腕車に駕《が》して行けは、果して車丁吾を欺かず。途上雪殆んと虚《な》し。然れとも寒風肌に迫り、手已《すで》に亀の如く、足已に氷に似たり。午後五時過きに及び山形に達し、旅籠《はたご》町後藤又兵衛方に投す。夜に及ひ山形県属議事課長佐藤直中、同県会議長重野謙次郎、常置委員鳥海時雨郎、議員丸山督等来り問ふ。閑談夜半に及て還る。以上四人、余曾《かつ》て東北会に於て面識あるの人々なれば、旧を話し新を談し談話凡《すべ》て濃《こまや》かなり。

以上八日の夜於山形後藤屋誌

一　「楯岡」の誤りであろう。前日「舟形」泊である。

天童を経て山形に赴く。尾花沢は積雪で名のある土地だが、今年は降雪がわずかなため、まだ家が雪に埋まるまでではない。それでも、これを舟形、楯岡などのわずか三、四里隔てた所と比べると、ひときわ大雪の様子だ。これがその名がある所以であろう。我々は天童に到ってからは、轌を止め人力車を雇って行くことにした。それは車夫らが轌では行けないとどこまでも説いたからである。そこで人力車に乗って行くと、果たして車夫の言うとおりであった。途中雪は殆どない。それでも寒風が肌を刺し、手はもう亀のようにちぢかみ、足はもう氷のようだ。午後五時を過ぎて山形に着き、旅籠町の後藤又兵衛方に宿をとる。夜になって山形県の吏員、議事課長佐藤直中、同じく県会議長重野謙次郎、常置委員鳥海時雨郎、議員丸山督等が訪ねて来る。気ままに話しこんで夜中になって帰る。以上四人は、私がかつて東北会で面識のある人なので、昔のことを話したり、新しいことを論じたり、語らいはとても濃密であった。

二　当時の秋田県知事　青山貞。1826~1898年。越前福井藩出身
三　現山形県村山市楯岡
四　現山形県東根市関山
五　しゃべり続けること。

二月九日　快霽《せい》各《おのおの》滞留のことに決す

早起《そうき》服を代へ、十日町荒井方に到り狩野徳蔵[一]氏を問ふ。金沢史起稿[二]の談話をなし、前九時半辞し帰る。重野氏寓《ぐう》に来る。大久保、武石、冨樫と共に県庁に到り、佐藤直中判任四等[三]前島家久判任二等、中村寛判任六等、駒林廣運議員新聞記者其他県会議員、県官数十名に会し、鉄道の談話をなす。夫《そ》れより官房に至り柴原知事に面接し、又鉄道の談話をなす。知事慇懃に余輩を遇し、喃々《なんなん》鉄道の得失を説く。午后壱時頃知事に辞し、退庁して県会議事堂を縦覧し、寓に還る。議堂は洋風の木造にして、正面には議場を設け、其左右には議

以上八日の夜山形の後藤屋に於いて記す。

直純の名が山形県人にも知られていたことがわかる。

二月九日　快晴、各自逗留することに決める。

早く起きて着替え、十日町の荒井方に到り狩野徳蔵氏を訪ねる。金沢史の起草について話し合い、午前九時半に辞去して帰る。重野氏が宿に来る。大久保、武石、冨樫と共に県庁に到り、判任四等の佐藤直中、判任二等の前島家久、判任六等の中村寛、議員新聞記者の駒林廣運その他県会議員、県の役人数十名に会い、鉄道について話し合う。それから県庁の官房に行き柴原知事に面接し、再び鉄道のことを話し合う。知事は慇懃に我らをもてなし、止まることなく鉄道の得失を説く。午後一時頃知事にいとまごいし、

員扣処《ひかえしょ》及ひ休憩処等二棟の小館を構へ、頗る美麗を究む。蓋し其費す処二万円を超過したりと云。午后県会議員、県官等より招状あり。野々村楼に到り洋食を喫す。四時に及て酔《えい》を尽して解散し、帰路某亭に到り、鳥海、重野、丸山の三氏に会し東北会の談話をなし、黄昏《たそがれ》寓に帰る。夜に及ひ石塚三五郎[四]、狩野徳蔵、本間某来り問ふ。乃ち狩野氏を中邨楼に誘ひ、酒を命して相酌む。十二時に及て帰る。

山形県下は人戸五千有余之市街にして、其繁華の原素は商業の盛なると位置管内の中央を占むるにあるか如し。殊に先きの三島県令勤めて土木を起し大に運輸の便を開かれ、官舎、学校等は凡て街の中央に蒐築せられたるを以て頗る壮観を添ふ。現任柴原知事は頗る寛仁《かんじん》[五]の評を得、人望ありと云ふて不可なし。県会は甲乙二派に分れ軋轢の傾きあり。県会中勢力を有するものは前島、佐藤之れなり。皆元の議員なり。不景気は未《いまだ》全く晩回に到らざる。客歳《かくさい》より金融稍《やや》滑かなりと云。

県庁を出て県会議事堂を見物し、宿に帰る。議事堂は洋風の木造で、正面には議場を設け、その左右には議員の控所と休憩所等二棟の小さな館を構え、頗る美しいことこの上ない。確かその費用は二万円を超過したという。午後県会議員、県の役人等から招待があった。野々村楼に行き洋食をいただく。四時まで続き酔が回って解散し、帰路ある飲み屋に寄り、鳥海、重野、丸山の三氏と会って東北会について語り合い、夕暮れ宿に帰る。夜になって石塚三五郎、狩野徳蔵、本間某が訪ねて来る。そこで狩野氏を中邨楼に誘い、酒を注文して酌み交わす。十二時になって帰る。

山形県庁所在地は人家五千余りの市街で、その賑わいの基は商業が盛であることと、位置が管内の中央を占めていることにあるようだ。殊に前の三島県令が勤めて土木事業を起し大いに交通の便を開かれ、官舎、学校等はすべて街の中央に集められたことにより頗る壮観を添えている。現任の柴

以上二月十一日の朝於七宿ナメツ駅[六]旅窓[七]誌

京游日誌第二号終

一　現秋田県大館市出身の漢学者。1832～1925年。狩野亨吉（一高校長、京大文科大学長を歴任。安藤昌益を世に紹介）の叔父。本名は良貴。徳蔵は通称。号は旭峰。遐邇新聞の初代編集長など新聞記者として名声をはせた。飯詰村（現仙北郡美郷町）の漢学塾「酔経学舎」の学長も勤めた。当時は山形新聞主筆。伊藤耕餘『故人の面影』参照

二　直純は、この当時から既に、郷里金沢の歴史、特に後三年合戦に係るものをまとめようとしており、その構想について語り合ったものと思われる。それが最も早く結実するのは、明治二六年に刊行された『後三戦史』（本間純造著、直純校訂）であろう。同書には狩野徳蔵が序文を寄せている。

三　下級官吏の等級

四　秋田魁新報記者。上京後は自由党系の言論人として活動。『故人の面影』参照

五　寛大で慈悲深いこと。

六　二月十日の条の注二参照

七　「旅寓」と同じ意味であろう。

原知事は頗る寛仁の評価を得ており、人望があると言ってよいだろう。県会は甲乙二派に分れ軋轢の傾向がある。県会の中で勢力を有するものは前島、佐藤がそうである。皆元の議員である。不景気はまだ全く晩回には到っていない。昨年から金融はやや円滑であるという。

以上、二月十一日の朝七宿ナメツ駅の宿に於いて誌す。

京游日誌第二号終り

県庁舎を中心とする当時の山形の街並は、高橋由一の油彩画「山形市街図」（山形県所蔵）に描かれている。

京游日誌第三号

藤子皦生手記

二月十日　寒風時々雪を飛はす

夙に起き飯を促す。鳥海智澄氏議長の男也来り曰《いわく》「余将に京に游んとす。乞ふ、与に行を共にせん」と。乃ち飯を喫し車を命し、八時を以て後藤屋を発す。十時半上の山に達し亀屋に小憩し、復《また》車を買ひ楢気[一]に向ふ。上の山より以東は名にしをふ山中七宿[二]に入るべき道なれば、積雪車輪を没し、甚危嶮なり。現に冨樫、鳥海二氏の如きは腕車顚覆して雪に投せらる。楢気に到るや一茶亭に憩ひ午餐を喫し、之れより腕車、轄二つなから通すべからざるを以て、一同徒歩をなす。楢気、湯原[三]間には、宮城、山形の県境なる金山峠なるものあり。頗る困難を究む。湯原、峠田[四]の両駅を経、滑津[五]に到りし頃は時已に黄昏に垂ん垂んとす。乃ち郵便局某方に投す。

京游日誌第三号

藤子皦生の手記

二月十日　寒風が時折雪を飛はす。

朝早く起き飯を催促する。議長の子息である鳥海智澄氏が来て言うには「自分もちょうど東京に立つところだ。ご一緒を願いたい。」とのこと。そこで飯を食べ人力車を呼び、八時に後藤屋を出発する。十時半に上の山に達し亀屋で少し休み、再び車を雇って楢気に向かう。上の山から東はかの有名な山中七宿に至る道なので、積雪に車輪が埋まり、とても危険である。実際、冨樫、鳥海の二氏は人力車が顚覆して雪に投げ出される始末であった。楢気に到るとすぐにある茶店で休み昼食を摂り、これより先は人力車も轄も通行できないので、一同歩くことにする。楢気と湯原の間には、宮城、山形の県境をなす金山峠というものがある。頗る困難を究める。湯原、峠

一　現山形県上山市楢下。羽州街道の宿場
二　仙台藩内を通る羽州街道は山中七ヶ宿街道と呼ばれ、七つの宿場（湯原、峠田、滑津、関、渡瀬、下戸沢、上戸沢）が置かれた。
三　現宮城県刈田郡七ヶ宿町湯原
四　現宮城県刈田郡七ヶ宿町峠田
五　現宮城県刈田郡七ヶ宿町滑津

二月十一日　快霽寒風面《おもて》を払ふのみ

早起衣を着け滑津を発し、関、原、渡瀬[一]を経、下戸沢[二]に到る。渡瀬、下戸沢間に一大奇観あり。材木岩と云ふ。岩嶄然《ざんぜん》[三]空に朝《ちょう》し、渓流其崖を噛み、清麗瀟洒《しょうしゃ》真に一小仙境と云ふべきなり。蓋し材木岩の名ある所以《ゆえん》のもの、岩の形状許多《きょた》之大材《たいざい》を壘積《るいせき》せるが如きものあるを以てなり。彼の萎小《いしょう》なる松樹の岩上に点々せるは、宛も童児の毛髪の如く、画も亦及はざるもの、如し。蓋し山中七宿は山水に冨めり

田の二つの駅を経て、滑津に到着した頃は時刻はもう黄昏になろうとしていた。そこで郵便局の某方に宿を取った。

山中七ヶ宿街道もまた、やはり難所であった。

二月十一日　快晴で寒風が顔をたたくだけだ。

早く起きて衣服を身に着け滑津を出発し、関、原、渡瀬を経て、下戸沢に到る。渡瀬、下戸沢間に一大奇観がある。材木岩と言う。岩がひときわ高く空に向かい、渓流がその崖を削り、清らかで美しく俗気がない様は、まさに一つの小さな仙人の住む世界と言うにふさわしい。思うに材木岩の名が付けられたのは、岩の形状が沢山の大きい材木を積み重ねたようであるからであろう。あのしぼんで小さい松の樹

と雖とも、恐《おそら》くは此《この》壮観に如《し》くものあらざるべし。乃ち一小茅店《いちしょうぼうてん》に小憩し午餐を喫し、途に上る。下戸沢、上戸沢[四]を経へ《ママ》小阪峠を登る。峠、七宿と福島県の間にあり、嶮《けん》且つ岨《そ》なり。殊に余輩前日来の徒行に疲弊し、甚た攀登《はんとう》に苦《くるし》めり。然れとも其嶺頂に達するや雪全く消融に属し、聊《いささか》困足を医するに足るものあり。嶺を降り、小阪[五]、半田[六]を過き、桑折[七]に到り栄運社の腕車を買ひ、福島県下通七丁目手塚屋支店に到り投宿す。時に午後第五時なり。

福島は人戸壱万有余の繁花地にして、其繁盛の原素たる、専ら蚕糸に在るか如し。現に七宿より福島県に入れは、桑樹到る処に蟠《わだかま》るもの以て、証となすべきなり。彼の福島県下に於て素封《そほう》を以て名ある処の佐野利八氏の如きも、其業専ら蚕糸にありと云ふ。県庁、官吏、県会等のことの如きは一泊して能く探知する処にあらすと雖とも、桑折、瀬の上[八]等沿道にある処の役場、警察、学校等の巍然《ぎぜん》[九]雲を突き白亜雪を欺くを以ても、其一端を

が岩の上に点々と生えているのは、まるで幼児の髪の毛のようで、絵もまたこれには及ばないようだ。思うに山中七宿は景色のよい所が多いというが、恐らくこのすばらしいながめに勝るものはないであろう。それからある小さな茶店で一休みし昼食を摂り、出発した。下戸沢、上戸沢を経て小阪峠を登る。この峠は七宿と福島県の間にあり、険しいことこの上もない。特に私は昨日からの歩行で疲弊し、甚だ登攀に難儀した。それでもその峠の頂に達すると雪は全く融けて消え失せており、少しは疲れた足をいやしてくれた。峠を降り、小阪、半田を過ぎて、桑折に到り栄運社の人力車を雇い、福島県庁所在地の通七丁目手塚屋支店に到って投宿した。その時刻は午後五時であった。

福島は人家一万余りの繁華な地であって、その繁盛の基は専ら蚕糸にあるようだ。現に七宿より福島県に入れば、桑の樹が到る処に群生していることをもって、その証拠となすべきである。彼の福

探知すべきなり。七宿の途上、下戸沢に於て近年鉱山を発見せるものあり迚《と》て、目下鋳造処建築中にてありしが、果して鉱物の出坑するや如何は、余か知る処にあらず。山は百貫金山と称し鋳造処は融成館と号することは、纔《わず》かに標木《ひょうぼく》[一〇]によりて知ることを得たり。七宿を過くるの途上、関駅に於て小西恒吉[一一]に遭ふ。東京よりの帰途なりと云。

一　いずれも現七ヶ宿町に属する。
二　現宮城県白石市小原下戸沢
三　一段高くぬきんでている様子
四　現宮城県白石市小原上戸沢
五　現福島県伊達郡国見町小阪
六　現福島県伊達郡桑折町南半田付近
七　現福島県伊達郡桑折町の中心部
八　現福島市瀬上町
九　高くそびえたつ様子
一〇　目印のために立てる木
一一　不詳

島県内において資産家として有名な佐野利八氏にあっても、その業は専ら蚕糸にあるという。県庁、官吏、県会等のことなどは一泊しただけでよく知ることができるわけではないが、桑折、瀬の上等の沿道にある役場、警察、学校等の雲を突くように高く聳え立ち、白亜の壁が雪かと見えることからしても、その一端を知ることができる。七宿の途上、下戸沢において近年鉱山を発見したということで、目下鋳造所を建築中であったが、果して鉱物が産出するかどうかは、私の知るところではない。鉱山は百貫金山と称し鋳造所は融成館と号することは、かろうじて標木《ひょうぼく》によって知ることができた。七宿を通過する途上、関駅において小西恒吉に遭った。東京より帰る途中とのこと。

二月十二日　快晴にして風なし

鶏声夢を驚すや否や起て飯を喫し、馬車を買ひ寓を発す。二本松、須賀河一を経過し二、本宮に到る。時已《すで》に正午、乃ち水戸屋に小憩し午餐を喫す。余曽《かつ》て此間を過きたるとき、道路嶮《けわし》くして腕車々上殆と耐へさりき。今や馬車に駕して此間を通過し毫《ごう》も震動の感なし。土木の進歩駭《おどろ》かざるを得ず。下午《かご》本宮を発し四時五十分白河に達す。乃ち柳屋伝兵衛方に投す。此間、車上に於て鉄道布設の実地工事を見る。蓋し宮城より福島に達すべき鉄道工事は已に桑折を経過し、東京より路線工作は之れ亦已に白川の以北二本松に進めりと云ふ。果して然らは未た手を下さざるもの、僅々十有余里に過ぎざるへし。蓋《けだし》政府明治二十年を期して仙台、東京間の工事を落成せしめんと欲するもの、如くなれは、完成を告くるの日も決して遠きにあらざるを信す。

二月十二日　快晴であって風もない。

鶏の鳴き声で夢から覚めるや否や起きてご飯を食べ、馬車を雇って宿を出発する。二本松、須賀河を経過して、本宮に到る。時刻は既に正午となり、そこで水戸屋に一休みし昼食を摂る。私はかつてこの区間を通ったとき、道路は険しくて人力車の乗心地はほとんど耐えられないものであった。今は馬車に乗ってこの区間を通過し、少しも震動を感じない。土木の進歩に驚かざるを得ない。午後本宮を出発し四時五十分白河に到着する。そこで柳屋伝兵衛方に投宿する。この間、車上から鉄道敷設の実地工事を見た。確かに宮城より福島に達すべき鉄道工事は既に桑折を過ぎ、東京からの路線工作もまた既に白河よりも北の二本松に進んだという。果してそうであればまだ着手しない区間はわずか十里余りに過ぎないであろう。思うに政府は明治二十年を期して仙台、東京間の工事を落成させようと欲しているようなので、東京

一　現福島県須賀川市
二　奥州街道（仙台松前道）の宿場は、福島→二本松→本宮→須賀川→白河の順なので、直純の勘違いか。

二月十三日　快霽無風

零時を以て床を出て馬車を命し柳屋を発し黒磯村[一]に赴く。途上月明にして遠山娥眉《がび》[二]を呈し、暗に吟想[三]を促すに似たり。四時三十分に至り六里程を尽し黒磯村に達す。黒磯は一小田舎に過きざるも、鉄道路線に連るを以て近来停車場の設けあり。於是《ここにおいて》旅肆、茶寮《さりょう》の来て開店をなすもの殆数十宇に及び、亦一小繁《いちしょうはん》をなす。然れとも未《いまだ》日浅くして築造の工を奏せず、頗る不完全の有様あり。余輩黒磯に達するや馬を手塚舎に繋き喫飯をなし、六時四十八分を以て東京行の汽車に乗る。忽ちにして汽車一声の警笛と

完成を告げる日も決して遠くはないことと信ずる。

福島では道路整備も鉄道建設も急ピッチで進んでいる。これに対して秋田は……

二月十三日　快晴無風

零時に床を抜け出して馬車を呼び柳屋を出発して黒磯村に向かう。途中は月明かりで遠くの山が三日月のような女の美しい眉みたいで、暗に詩が浮かんでくるのを促しているようだ。四時三十分までかかって六里程を行き黒磯村に到着する。黒磯は小さな田舎に過ぎないが、鉄道が通ることになって近ごろ停車場が設けられた。それによって旅館や料理屋がやって来て開店するものが数十軒に及び、ちょっとした賑わいを見せている。それでもまだ日が浅く建物も完成しておらず、とても不完全な様子だ。我々は

共に南行す。山飛ひ林奔り、宛も鵬翼《ほうよく》を生して大空を横行するの思あり。黒磯より東京間は大略六、七十里の里程なれは、之れを通常の旅行を以て行くときは、少くも三日を要せざるを得ず。然るを六時四十八分の発車を以て許多の停車場を経過し、十一時二十分に及び東京上野停車場に達す。其神速孰か驚嘆せざるものあらん。黒磯、東京間汽車々上に於て眸に入るもの那須野原の開墾、三島邸之設置[四]、阿久津[五]、栗橋[六]、隅田川等の河橋《かきょう》あれとも、悉く瞬間に於て皆之れを経過したれは、甚必要を感すれとも茲に記すること能はざるなり。上野に達するや腕車を命し、日本橋西河岸島屋平七方に投宿せり。於《ここに》是《おいて》に旅装を解き一浴して旅垢[七]を脱し団欒小憩す。羽生書記官[八]、木戸土木課長、土居一等属[九]、大村会計課長等来り訪はる。夜、小原毅[一〇]、赤星敬次郎[一一]来り訪ふ。酒を置き相酌み且つ語る。

一　現栃木県那須塩原市の一部

黒磯に着くと馬を手塚舎に繋いで食事を摂り、六時四十八分に東京行きの汽車に乗った。忽ち汽車は一声の警笛とともに南に向かって走り出す。山は飛び林は走り、まるで大鳥の翼が身に生えて大空を自由に飛び交う思いだ。黒磯、東京間はおおよそ六、七十里の距離なので、通常ならば少なくとも三日はかかる。それが六時四十八分に発車し多くの停車場を経過し、十一時二十分には東京の上野停車場に着いた。その神のような速さには誰か驚かない者がいるだろうか。黒磯、東京間の汽車の上から目に入るものは那須野原の開墾、三島邸の建築、阿久津、栗橋、隅田川等の橋があるけれども、悉くあっと言う間に皆これを過ぎてしまうので、甚だ必要は感じるけれどもここに記すことはできない。上野に着くと直ぐに人力車を呼び、日本橋西河岸の島屋平七方に宿を取った。そこで旅装を解き一風呂浴びて旅の垢を落とし、くつろいで一休みする。羽生書記官、木戸土木課長、土居一等属、大村会計課長等が訪ねて来る。

二　蛾の触角のように三日月形の女の美しい眉
三　「詩想」に同じ。
四　山形、福島県令を歴任した三島通庸（1835〜1888年）は、栃木県令時代、那須野ヶ原を開墾し、塩原に別荘（後の那須御用邸）を建てた。
五　現栃木県塩谷郡高根沢町の一部。鬼怒川の鉄橋あり。
六　現埼玉県久喜市の一部。利根川の鉄橋あり。
七　訓みは「りょこう」か。
八　大張野の開墾に取り組み、後に秋田市長も務めた羽生氏熟（1849〜1932年）。「書記官」とは、現在で言えば副知事に相当する職。伊藤耕餘『故人の面影』参照
九　明治の官職のひとつ
一〇　不詳。気のおけない友人であろう。
一一　1857〜1937年。現宮城県出身の医師、書家。号は藍城。直純の終生の友。後に直純の誘いに応じ、秋田県で医師を務める。地方三筆の一人と言われた。

二月十四日　曇天日光を見ること克《あた》はす

夙に起き服を着け、青山知事に面談し、最上[一]を問《とう》。熱海に赴かれしとて在らず。之れより佐竹邸に到る。義生殿[二]学習院に出、不在なり迚《とて》面謁すること克は

夜には、小原毅、赤星敬次郎が訪ねて来る。酒を手元に置き酌み交わし語り合った。

零時起床は黒磯発の列車に間に合わせるためであろうか。それにしても、秋田（金沢）から黒磯までと黒磯から東京までの落差がすごい。「神速」も正直な感想であろう。この日の条は、この日誌中、最も印象深い。

二月十四日　曇天、日光を見ることができない。

早く起き服を着て、青山知事に面談し、最上を訪ねる。熱海に向かったということで居なかった。それから佐竹邸に行った。義生殿は学習院に出かけ不在

す。只、根本、狩野両先生[三]に遭ふ。北畠道龍師[四]を叩く。遇《たまたま》、師足痛《そくつう》を以て病床にあり。余輩を床にひき相見る。懇談数刻に渡る。師乃ち門人長岡洗心、荒浪平次郎、男《なん》龍雄をして余輩を別室に惹かしめ日本食の饗あり。午後三時頃辞し去り寓に帰る。暫にして余独《ひとり》車を命じ赤星敬次郎を問ふ。閑談漏刻を費す。夜に入り上遠野富之助[五]を問ふ。偶《たまたま》大縄勝之助[六]、山田猪太郎[七]あり。旧を談し新を語る。大久保、武石、冨樫等も亦上遠野方に来る。乃ち一茶亭に到り団欒相酌み夜半に及て寓に帰る。

一　最上広胖（1847～1930年）であろう。平鹿郡角間川村（現大仙市）の地主で実業家。当時は東京九段に別邸を有し、都人士と交遊。伊藤耕餘『故人の面影』参照

二　佐竹義生《よしなり》（1867～1915年）。最後の秋田藩主佐竹義堯の次男。佐竹宗家三十三代当主

三　根本通明（号　羽嶽。1822～1906年）と狩野良知（1829～1906年）であろう。共に秋田藩出身の漢学者。根本は直純の東京遊学時代（明治一四年頃）の漢学の師。狩野は狩野亨吉の父。『故人の面影』参照

四　1820～1907年。紀州出身の僧。幕末には民兵を組

ということで、お目にかかることができなかった。ただ、根本、狩野両先生に出会った。北畠道龍師を訪ねる。たまたま、師は足の痛みで病床にあった。我々を床に呼んで対面する。懇談は数刻に渡った。師はそこで門人の長岡洗心、荒浪平次郎、子息の龍雄に我々を別室に移して和食でもてなしをさせた。午後三時頃辞去して宿へ帰った。しばらくして私独り人力車を呼んで赤星敬次郎を訪ねる。気ままに話をして時が過ぎた。夜になってから上遠野富之助を訪ねる。そこにはたまたま大縄勝之助、山田猪太郎が居た。昔を論じ今を語る。大久保、武石、冨樫等もまた上遠野方に来る。そこで某茶店に入りなごやかに酒を酌み交わし夜半になって宿に帰った。

早速、行動開始。上京後の初日に誰を訪ねるかは、直純の交遊関係を知る上で興味深い。知事、旧藩主、師を先ず訪ねるのは道理か。これらはいわば公的なものであろう。最上広胖、赤星敬次郎、上遠野富之

織して幕長戦争に参加。維新後は弁護士の養成学校を設立したり、日本人として初めてインドの仏蹟の巡礼に成功したり、本願寺の改革に取り組むなど、多彩な活動をした豪傑とも言われる人物。直純は東京遊学時代に師事したのであろうか。相当心服しているように思われる。なお、道龍は明治一三年に秋田県を訪れ大曲で演説しているとのこと。（『榊田清兵衛翁伝』榊田記念会、一九三三年参照）

五　1859〜1928年。現横手市出身の実業家。当時は郵便報知新聞の記者と思われる。『故人の面影』参照

六　現秋田市出身の大縄久雄（1862〜1928年）。勝之助は幼名。佐竹氏の家令、後に代議士。『故人の面影』参照

七　1857〜1906年。現大館市出身。当時は東京遊学中か。後に県会議員、代議士。『故人の面影』参照

二月十五日　狂風沙を捲き起す

西河通徹[一]氏来《きた》る。余、大久保と共に西河を某街に誘ひ、洋食の午餐を饗す。帰途、余独、犬養毅[二]氏を朝野新聞社に問ふ。犬養、余を応接処に惹き茶を命し相語る。帰途、益田信五郎[三]に邂逅す。乃ち誘ふて寓に帰り相話す。高垣徳治[四]氏来る。益田帰る。

助はその交遊の深さからして順当なところと思われるが、北畠道龍というのは意外であった。彼は僧であるが希代の豪傑であり、小説の主人公にもなっている。この後もこの日誌に度々登場する。直純は相当心服していたように読める。

二月十五日　荒れ狂う風が砂を巻き上げる。

西河通徹氏が来る。私は大久保と共に西河をある街に誘い、洋食の昼食を御馳走する。帰りに、私独り、犬養毅氏を朝野新聞社に訪ねる。犬養は、私を応接室に案内し茶を出させて語り合う。その帰りに益田信五郎に出会った。そこで誘って宿に帰り語り合う。

高垣と小原毅を駿河台に問ふ。小原、晩餐を余輩に饗す。九時頃辞して寓に帰る。帰れは大縄、上遠野、添田飛雄太郎[五]、川﨑胖[六]来りあり。閑話夜に入る。

京地の景況は、今日まで目撃する処によれば、指したる異変もなく、四、五年前余が留学せしときと、大同にして小異ありと云ふて不可なきもの、如し。寒暖計は平常五十度の間を昇降し、袷、綿入れ位にて更らに冷気を覚へず。現に余の如きは、着京後シヤチ、綿入等脱したり。北畠[七]を問ふの途、九壇に到り招魂社[八]の梅を訪ふ。将に綻《ほころ》ばんとするもの、如し。ノルマントン話[九]は全く跡を絶し、畝び艦話[一〇]も稍《やや》下た火の模様なり。不景気は頗《すこぶる》晩回の風あり。官吏社会は貯蓄の傾きありて、民間の紳士輩は散財の傾きあり。殊に書生輩の頗る華美を好まる、如きは、余輩留学中抔とは雲泥の別ありと云ふ可《べき》ならん乎。

京游日誌三号終

高垣徳治氏が来る。益田は帰る。高垣と一緒に小原毅を駿河台に訪ねる。小原は、夕食を我々に御馳走する。九時頃辞去して宿に帰る。帰れば大縄、上遠野、添田飛雄太郎、川﨑胖が来ていた。気ままな語らいは夜に及んだ。

東京の様子は、今日まで目にした限りでは、大した変化もなく、四、五年前私が留学したときと大同小異であると言って差支えないようだ。寒暖計は通常五十度の間を上下し、袷や綿入れ位でそれ以上寒さを感じない。現に私などは、上京してからはシャツや綿入れ等を脱いでしまった。北畠を訪ねる途中、九段に到り招魂社の梅を訪ねる。将にほころびようとしているみたいだ。ノルマントン号の話題は全く跡形もなく、畝傍艦の話もやや下火になった模様だ。不景気はすこぶる晩回の風潮がある。役人の社会は貯蓄の傾向があり、民間の紳士達は散財の傾向がある。特に書生連中が大層華美を好むようなのは、私の留学中などとは雲泥の差があるというべきであろう。

京游日誌三号終り

西河、犬養、益田、いずれも「秋田日報」の縁であろう。直純は、明治一五年「秋田改進党」が結成されるやこれに加わり、その機関紙「秋田日報」に健筆を揮っていた。

一　1856～1929年。伊予国宇和島（現愛媛県）出身のジャーナリスト。この来訪はかつて秋田日報の記者でもあった縁か。
二　1855～1932年。第二九代首相。当時は朝野新聞記者。直純は、明治一六年、犬養を秋田日報の主筆に招くのに尽力したと言われている。
三　熊本出身の民権活動家で、元秋田日報記者
四　現横手市出身の逓信省役人。当時はまだ東大法科在学中か。伊藤耕餘『故人の面影』参照
五　1864～1937年。現湯沢市出身の代議士。明治三六年からは秋田中学校長も務めた。当時は東京遊学中
六　不詳。角館出身の内務省役人か。
七　昨日も訪ねた北畠道龍であろう。
八　明治一二年に「靖国神社」と改称されているが、直純にとっても旧称の方が親しみやすかったようだ。
九　ノルマントン号事件―明治一九年一〇月、紀州沖で英国籍の貨物船ノルマントン号が沈没し、英国人船員は全員脱出したのに、日本人乗組員全員が水死したことが発端となり、不平等条約の下での領事裁判の不当性が露呈された事件―の話題
一〇　フランスに発注した防護巡洋艦「畝傍」がフランスから日本へ回航中の明治一九年一〇月、南シナ海で行方不明となった事件の話題と思われる。

京游日誌第四号

在東都日本橋頭藤子皦稿

二月十六日　快晴微風春陽を吹く

終日外出すること克《あた》はす。羈窓幽裏[一]頻りに旧知に遇ふ。猶懐遠堂[二]裡にあるの想あり。此日来訪者大縄勝之助、山田猪太郎、町田忠治[三]、赤星敬次郎、長倉恕（鹿児島人旧秋田日報記者）医学卒業生馬島琢郎（金沢の人）等なり。夜に入り根本行任[四]、益田信五郎来り。夜半帰り伏す。

一　不詳。ひきこもるの意か。訓みは「きそうゆうり」か。
二　直純の自宅の雅称。江戸後期の漢詩人大窪天民（号　詩仏）がかつて直純宅に題した書に由来する。
三　1863~1946年。現秋田市出身の政治家。衆議院議員、農林大臣等を歴任
四　不詳。本県出身の判事か。

京游日誌第四号

東京日本橋のたもとに在って藤子皦記す。

二月十六日　快晴、そよ風が春の日ざしを吹き抜ける。

終日外出することができなかった。宿にこもったまま引きも切らず旧知に会う。まるで自宅、懐遠堂に居るような気がする。この日の来訪者は大縄勝之助、山田猪太郎、町田忠治、赤星敬次郎、鹿児島出身の前秋田日報記者　長倉恕、金沢出身の医学卒業生馬島琢郎等である。夜に入って根本行任、益田信五郎が来る。夜半に帰り寝る。

同十七日　快霽無風

午後車を命し上野に到り鉄道会社を叩き奈良原社長[一]に遇ふ。同行者、大久保、武石の両人なり。奈良原は鹿児島出身の人にして政府に対しても遂分[二]勢力あるの人なりと云。曽て農商務に奉職し或は静岡県令となり其名声夙に世に喧し。懇談数刻にして辞し去り上野公園を散歩す。園中曽て余が客寓[三]の際と異変なく唯動物館、工芸共進会の設けあるを見る。乃ち壱銭を投して切符を買ひ動物館に入る。館中の動物、魚属、禽獣等枚挙に遑《いとま》あらずと雖とも、水牛、シベリヤ犬、猪、鷲等尤物《ゆうぶつ》[四]と評して可なるが如し。夫れより園を出て不忍池の畔を過き湯島に到り武石君と赤星を問ひ茶を喫し与《とも》に本間猪三郎[五]の宅を問ふ。偶猪三郎あり。暫時対話して寓に帰る。晩餐を喫するや否や羽生書記官の室に到り国道線[六]の談話をなす。夜に入り保野時中庄内人にて専門学校教員なり山田猪太郎来り訪ふ。八時より羽生書記官、木戸土木課長、大久保、

同十七日　快晴無風

午後人力車を呼び上野に到り鉄道会社を訪ね奈良原社長に面会する。同行者は大久保、武石の両名である。奈良原は鹿児島出身の人で、政府に対しても随分影響力のある人とのこと。かつて農商務省に奉職し或は静岡県令となり、その名声は早くから世に聞こえている。懇談を数刻して辞去し、上野公園を散歩する。公園の中はかつて私が遊学中の時と特に変わりなく、ただ動物館と工芸共進会が設置されているのが見える。そこで一銭を払って切符を買い動物館に入る。館内の動物、魚類、鳥獣等は枚挙に暇がないといっても、水牛、シベリヤ犬、猪、鷲等がめぼしいものと評してよいであろう。それから公園を出て不忍池のほとりを過ぎ湯島に到り、武石君と赤星を訪ね茶を飲み、一緒に本間猪三郎の住まいを訪ねる。たまたま猪三郎は居った。しばらく対話して宿に帰る。夕飯を食べるや否や羽生書記官の室に行

武石を某酒楼に請《しょう》し団欒相酌む。蓋し国道線の諷刺をなすにあり。

一　奈良原繁（1834～1918年）、旧薩摩藩士、日本鉄道初代社長
二　「随分」に同じか、又はその誤りか。
三　旅行中の仮の宿。ここでは四、五年前の東京遊学中のことを指す。
四　目立つ代表的なもの
五　不詳
六　横手から大曲に至る新しい国道路線の経路の問題と思われる。旧羽州街道に沿うか否かが争われていた。この問題への対処も上京の目的の一つであったようだ。日誌冒頭の条参照。

二月十八日　快霽　拭ふが如し

早起服を着け鉄道会社に至り奈良原社長に遇ふ。今夕奈良原氏を饗せんと欲してなり。帰路赤星を問ふ。午餐を饗せらる。之れより赤星を伴ふて不忍池の畔りを過き馬杉雲外翁を叩く。翁在らず。乃ち上野

き国道線について話し合う。夜に入り庄内の人で専門学校の教員である俣野時中と山田猪太郎が訪ねて来る。八時から羽生書記官、木戸土木課長、大久保、武石を某料亭に招き、なごやかに酒を酌み交わした。これは国道路線について遠まわしに批判をするためである。

実力者奈良原社長への面会は今日は挨拶程度か。動物館（後の上野動物園）は明治一五年に開園している。

二月十八日　快晴　拭き取ったような青空である。

早く起きて服を着、鉄道会社に行き奈良原社長に面会する。今夕奈良原氏を饗応したいと思ったからである。帰路赤星を訪ねる。昼食を御馳走になる。それから赤星を誘って不忍池のほとりを通って馬杉雲

公園地を徘徊し博物館を観る。館、園の中央にあり、構造甚《はなはだ》美なり。蓋し明治十四年内国勧業博覧会美術館に充《あて》ん為め新築せるものなりと云。乃赤星と各一葉の切符を購ひ館に入りて展見す。館中列する処のもの大は鉱山、漁業の模造より小は羽毛介鱗《かいりん》の属[二]、日用の物品に到るまで其数数千百万、素より一朝一夕の能く尽す克はざる処なりと雖とも、余が眼に入りて奇と云ひ妙と云ふべきものは巨大の鰐、鯨、麒麟、大蛇、染写真[三]、洋食具及ひ古物の参考室に列する処の輿《こし》、牛車、古筆、清正の鎗[四]、義士夜打の道具等是れなり。其形状の如きは拙筆の能く模すること能はざるものあれば、之れを他日に譲らざるを得ず。館を出て園中を蜚回[五]すれば精洋軒[六]の側梅朶[七]笑を含み独り鶯声《おうせい》の遅きを羨むが如し。時に日西嶺に春《うす》つく[八]。愛を割き寓に帰る。此夜芝湖月楼に於て奈良原社長、青山知事、羽生書記官を饗するの約あり。余の寓に帰るや大久保、武石等已に湖月に至る。余、羽生氏の室を問へば青山知事の来るあ

外翁を訪ねる。翁は居なかった。そこで上野公園内を散歩し博物館を見物する。館は公園の中央にあり、構造はとても美しい。確か明治十四年の内国勧業博覧会の美術館に充てるため新築したものであるとのこと。さて、赤星とそれぞれ一枚の切符を買って館に入り見て回る。館内に陳列されているものは、大は鉱山、漁業の模型から、小は鳥や魚貝類、日用の物品に到るまで、その数数千百万、もとより一朝一夕によく見尽すことはできないけれども、私が眼にして珍しくもありすばらしいと言うべきものは、巨大な鰐、鯨、麒麟、大蛇、カラー写真、洋食の器具及び古物の参考室に陳列されている輿、牛車、古筆、清正の鎗、赤穂義士夜打の道具等がこれである。その形状などのことは拙い文章ではよく描写することができないものもあるので、これは後日に譲らざるを得ない。館を出て園内を歩き回ると、精洋軒の側の梅の枝はほころび始めており、独り、鶯がやって来て鳴くのが遅いと残念がっているようだ。その時

り。乃ち羽生、青山両氏を伴ひ車を命し湖月に到る。無幾《いくばくもなく》奈良原氏も来り会す。於是《ここにおいて》に酒を置き肉を割き団欒相酌む。偶《たまたま》都下名妓三輩[九]の来りて侍酌[一〇]をなすものあり。蓋し常に有髯《ぜん》社会[一一]に愛せらる、ものなりと云ふ。酒間、鉄道の事を談し東北の形勢を論し、一として壮快の談にあらざるはなし。耳熟《じじゅく》[一二]し興究《きょうきわま》り、退散せし頃は九時発しの新橋汽車頻りに警笛を鳴らして轟然南向し去るのときなり。帰途徒歩して武石氏と銀座街を徉遥[一二]し勧工場《かんこうば》[一三]を見る。十時半還り伏す。

京游日誌第四号終

一　1833〜1899年。幕末、明治の漢詩人
二　鳥類や甲殻類、魚類のなかま
三　「染」か「漆」か判然としないが、前者とし、モノクロに着色したカラー写真のことと解する。
四　「鎗」か「鎧」か判然としないが、前者と解する。
五　「徘徊」に同じ。
六　日本におけるフランス料理の草分け、明治五年創業の上野精養軒と思われる。

太陽が西の山並に沈んだ。惜しいと思いつつ断ち切って宿に帰った。この夜、芝の湖月楼において奈良原社長、青山知事、羽生書記官をもてなす約束があった。私が宿に帰ると大久保、武石等は既に湖月に行っていた。私が羽生氏の室を訪れると青山知事が来ていた。そこで羽生、青山両氏を連れて車を呼び湖月に行った。まもなく奈良原氏も合流した。ここで酒を用意し肴を取り分け、なごやかに酒を酌み交わした。たまたま都下の名妓三名が来て侍りお酌をしてくれた。なるほど常に有髯社会に愛されているとのこと。酒間、鉄道について説き東北の形勢を論じ、ひとつとして壮快な話でないものはなかった。話が何度も繰り返され興が最高潮に達し、退散した頃は九時新橋発の汽車が頻りに警笛を鳴らして轟然と南に向かって走り去る時であった。帰途は武石氏と銀座街をそぞろ歩き勧工場《かんこうば》を見た。十時半に帰って寝る。

京游日誌第四号終り

奈良原社長との本番、実のある話ができただろうか。

七　訓みは「ばいだ」か。花のついた梅の枝の意
八　太陽が山の端などにかかる意
九　三人の輩。即ち三人の意か。
一〇　侍って酌をする意か。
一一　髯を生やした人々、特に軍人、政治家、役人等の社会という意か。
一二　何度も耳にしていて、よくわかること。
一三　「逍遥」に同じ意か。訓みは「ようよう」か。
一四　明治、大正時代、一個の建物に多くの店が入り、色々な商品を販売した所。デパートの進出により衰えた。

京游日誌第五号

東都日本橋頭藤子皦稿

二月十九日　曇天なれとも天気穏かなり

益田信五郎、上遠野来る。暫くにして帰り去る。宿処を日本橋区南槙町廿番地真鍋録造方に転す。蓋し西河岸島屋方は岩手県人の定宿処にして、不日《ふじつ》一該県請願員上田農夫二等出京の報あるを洩聞《ろうぶん》せるを以

京游日誌第五号

東京日本橋のたもとで藤子皦記す。

二月十九日　曇天ではあるが天気は穏かである。

益田信五郎、上遠野が来る。しばらく居て帰る。宿を日本橋区南槙町二十番地真鍋録造方に移す。というのは、西河岸の島屋方は岩手県人の定宿であって、日ならず同県の請願員上田農夫等が上京するという

てなり[三]。午後より大久保、武石等と吾妻橋佐竹邸に到る。曽て従五位侯[四]より饗応の招状あるを以てなり。余輩邸に到るや狩野良知氏あり。一謁《いちえつ》して閑談をなす。無幾《いくばくもなく》青山知事、羽生書記官、木村警部、石井秋田県属[五]等来る。於是従五位侯自から之れを迎へ座に挽き茶菓を饗す。座池に臨み山に対し全庭を一目すべく、京地繁華の間にありて自から別乾坤の趣あり。亭角老桜あり。水野越前守[六]なる者幕政を弄する頃、寒中に花を開かしめたるものなりと云。暫ありて従五位侯自から来賓を誘ひ庭中を散歩す。庭水野越前守曽て天下の諸侯に課し周《あまね》く天下の木石を集蒐して造れるものにして、所謂人造山水の尤物《ゆうぶつ》なるの評を占む。今其全景を茲《ここ》に略述すれは、庭の中央に巨大なる池を鑿《うが》ち、池の東に二、三の築山を設け、美竹萎松《いしょう》処々に茂生《もせい》せり。池の水涯《すいがい》には大小の佳石突兀《とっこつ》[七]して、牛の如く羊の如く、殆と過くる者を噛んと欲するの勢あり。殊に池中に小峡を築き茂松其上に生し、架するを石橋を以てするが如きは、

情報があるのを洩れ聞いたからである。午後から大久保、武石等と吾妻橋の佐竹邸に行く。前に佐竹従五位侯より饗応の招待状があったからである。我々が邸に着くと狩野良知氏が居た。挨拶して懇談した。まもなく青山知事、羽生書記官、木村警部、石井秋田県属等がやって来た。そこで従五位侯が自ら迎えて席に案内し、茶と菓子をふるまった。その席は池を目の前にして山に向き合い、庭全体を一望でき、都の賑やかな中にあっておのずと別天地の趣がある。邸の一角に桜の老木がある。これは水野越前守という者が幕政を自在にあやつっていた頃、寒中に花を咲かせたものだという。しばらくして従五位侯が自ら客を誘って庭内を散歩した。庭は水野越前守がかつて天下の諸侯に命じて広く天下の木石を集めて造ったもので、所謂人造山水の代表的なものという評価を得ている。今その全景をここにおおまかに述べると、庭の中央に巨大な池を掘り、その東に二、三の築山を設け、美しい竹やこじんまりした松が所々

奇も亦甚しと云ふべきなり。亭に還るや酒肉座に列し家従等倍酌をなす。肉美に酒甘く、従来飲を欲せざるの迂生《うせい》と雖とも人と競争を試んと欲するの思を生す。殊に画伯穂庵翁[八]を座に召し席上の揮毫を試ましむるが如きは、又更らに奥を添へたるなり。座客《ざかく》耳熟《じじゅく》し退散をなしたるは、浅草寺の暮鐘《ぼしょう》六度《むた》ひ声を発し、隅田の晩風暮色を送り来る。余帰路を本郷に取り赤星の寓を叩く。蓋し赤星明旦を以て京を発し、暫らく仙台に游んとするの報あるを以てなり。乃ち赤星を誘ひ高垣[九]の寓を叩く。高垣在らず。於是赤星と別杯《べっぱい》[一〇]を某亭に酌、夜半に及て寓に帰る。此夜羽生書記官余が寓を問ひ来り猶座にあり。乃ち酒を命し閑話の間国道線の談話をなす。事凡て余が意に適せり。二時頃辞し去る。

一　多くの日を経ないこと。
二　当時の岩手県会議長
三　当時、東北地方の鉄道敷設計画について秋田県と（少なくとも直純らと）岩手県の間では対立があったことが窺われる。

に生い茂っている。池のほとりには大小の形のよい石が高く突き出して、牛のように或いは羊のように、あたかも通り過ぎる者を噛もうとするかのような勢いがある。殊に池の中に小さな峡谷を築き、その上には松を生やし、石橋をかけ渡しているようなところは、珍しいことこの上もないと言うべきである。邸に戻ると酒と肴が席に並び家の使用人等がお酌をする。肴は美味で酒は甘く、元々飲酒を好まない小生と雖も人と競争をしてみたいという思いが生れた。殊に画伯穂庵翁を席に招きそこで揮毫を試みさせるなどのことは、さらに又奥ゆかしさを添えていることだ。座にある客が同じ話を繰り返し退散したのは、浅草寺の晩鐘が六回鳴りわたり、隅田川の夕風が暮色を送ってきた頃である。私は帰路を本郷に取り、赤星の住まいを訪ねた。というのは、赤星が明朝東京を発って、しばらく仙台に遊ぶとの情報があったからである。そこで赤星を誘い、高垣の住まいを訪ねた。高垣は居なかった。そこで赤星とある料理屋

明治一八年に日本鉄道会社線の仙台・盛岡経由のルートを山形・秋田経由ルートに変更しようとする動きがあったことが尾を引いていたのかもしれない。

四　佐竹義生のこと。当時の位階が従五位であることによる。

五　県の事務を取り扱う役人

六　耕餘は天保の改革を断行した老中水野忠邦（１７９４～１８５１年）を指していると思われるが、この佐竹邸はかつて老中水野忠成（１７６２～１８３４年）の別邸であったことがあるので、耕餘の誤解かもしれない。

七　高く突き出ること。

八　日本画家平福穂庵（１８４４～１８９０年）のこと。通称順蔵。直純は若い時から交遊があり、穂庵が亡くなったときは「画人穂庵翁小伝」を秋田魁新報に掲載している。伊藤耕餘『故人の面影』参照

九　高垣徳治（二月十五日の条初出）か。

一〇　別れを惜しみ酌みかわす酒杯のこと。

で別れを惜しみ、杯を酌み交わし、夜半に及んで宿に帰った。この夜羽生書記官が私の宿を訪ねて来て、まだ部屋に居った。そこで酒を命じ、四方山話をするうち国道路線の話をした。事はすべて自分の意に適った。羽生書記官は二時頃帰った。

当時の旧藩主と在京県人の関係がどのようなものであったかがよく描かれている。旧藩主の威光と財力はまだまだ捨てたものではないように見える。それにしても、この日も昼間から夜中の二時頃まで三つの酒席をこなしているのに、「酒量斗を辞せず」と評された直純が自らを本来飲酒を好まないと記しているのには、笑ってしまう。

国道路線については、これまでの青山知事や羽生書記官への働きかけにより、直純らの思惑どおりに進んでいるようだ。

二月廿日　春晴《しゅんせい》殊にうららかなり

早起、吉井宮内の次官[一]を問ふ。在らず。大久保、武石等青山知事を問ふ。余独り浅草に散歩をなす。浅草は近年大に風景を造り出し、萎小の家屋等は悉く之れを他に移し、或は山を築き或は池を鑿《うが》ち、殆ど上野に続くべき公園地となれり。夫れより駿河台に到り、小原を問ふ。相携へて九壇に到り、游就館[二]に到りて武器の展覧をなす。館、招魂社[三]の傍にあり、構造大ならざるも、工事甚美を尽せり。館列する処のものは、往古より今代《きんだい》に到るまで列世《れっせい》の武器にして、甲冑、弓矢、刀槍、旌旗《せいき》、砲銃等数万を以て数ふべし。壁上洋画を以て鹿児島戦争[四]の図を画き、維新以来軍事上功労ある将官以上の大額の如きは、甚た人目を驚すに足る。殊に佐竹従五位より出品せる義家、新羅三郎等の冑《かぶと》、小松宮[五]より出品せる後醍醐天皇より楠正成に賜はれる短剣の如きは、多く見るを得べからざるの物品なり。館を出て富士

二月二十日　春の晴れた日、とてもうららかである。

早く起きて、吉井宮内次官を訪ねる。居ない。大久保、武石等は青山知事を訪ねる。私は独り浅草に散歩する。浅草は近年大いに景観が形成され、萎小の家屋等は悉くこれを他に移し、或いは山を築き或いは池を鑿《うが》ち、殆ど上野に続いていると言ってよい公園地となっている。それから駿河台に到り、小原を訪ねる。連れ立って九壇に到り、游就館に到って武器を見物する。館は招魂社のそばにあり、構造は大きくはないが、造るに当たっては大層美を尽くしている。館が陳列するものは、昔から今に到るまで歴代の武器であって、甲冑、弓矢、刀槍、旗、銃砲等その数は万に上るだろう。壁面には洋画により鹿児島戦争の図を画き、維新以来軍事上功労のある将官以上の人物の大きな額などは、甚だ人目を驚かすに十分である。殊に佐竹従五位が出品した義家、新羅三郎等の冑《かぶと》、小松宮が出品した後醍醐天皇より楠正

見軒[六]に至り、洋食を喫す。此の日、日曜なる故か、紳士輩洋服婦人を携へて来食するもの甚許多なり。喫し了り、小原と分れ、佐竹邸に至り、昨日の答礼を述へ、寓に帰る。此夜、西河通徹、平福穂庵、益田信五郎氏等来り問はる。余穂庵氏に晩餐を饗し、本間雅兄《がけい》[七]より伝言の杉先生[八]の書を請求せり。穂庵氏云《いわ》く「帰郷まて周旋せん」と。夜に入り辞し去る。

京游日誌第五号了

一　吉井友実（１８２８～１８９１年）。薩摩藩士。当時の宮内次官。初代日本鉄道会社社長
二　靖国神社の祭神の遺物を陳列する施設
三　靖国神社のこと。
四　西南戦争のことと思われる。当時はそのように呼ぶこともあったことを示すものであろう。
五　１８４６～１９０３年。皇族で軍人
六　九段にあった西洋料理店
七　郷里金沢の友、本間純造のことと思われる。「雅兄」は相手の男性を敬愛していうことば。大兄に同じ。
八　不詳

成に賜った短剣などは、多くは見ることができない物品である。館を出て富士見軒に行き、洋食を食べる。この日は、日曜であるためか、紳士連中が洋装の婦人と連れ立って来店するものが甚だ多かった。食べ終わって小原と別れ、佐竹邸に至り、昨日の答礼を述べ、宿に帰る。この夜、西河通徹、平福穂庵、益田信五郎氏等が訪ねて来る。私は穂庵氏に夕食を御馳走し、本間大兄からことづてられた杉先生の書を請求した。穂庵氏が言うには「帰郷まで何とかしよう」と。夜になって辞去した。

京游日誌第五号終り

日曜日、紳士が洋装の婦人を伴ってランチのため来店する光景。なるほど、明治二〇年といえば鹿鳴館時代の末年でもある。

京游日誌第六号

在東都　藤子皦手記

二月二十一日　晴れ南西風塵沙《じんさ》を巻起す

朝、益田信五郎、西河通徹氏来る。永次郎[一]始て寓に来る。十一時頃一條従五位公[二]より大和柿一折《ひとおり》を贈られ、且つ、書を寄せて、来《きたる》廿七日には来訪すべき赴を申越せり。午後九州鉄道会社創立委員嘉悦氏房氏[三]来り、鉄道の談話をなす。嘉悦氏は九州の有力者にて所謂九州改進党総理とも称すべき人物なり。齢五十を過きたるが如しと雖とも、談壮快にして勇気面に溢る。蓋し、将来国会議堂に頭角を現すもの、此人にあらずして何人かあらん。黄昏、銀座街を徘徊し、朝野新聞社に至り、犬養を訪ふ。在らず。帰途、勧工場に游ぶ。夜、上遠野、山田来る。

一　不詳。身内の者であろう。

京游日誌第六号

東都に在って　藤子皦手記

二月二十一日　晴れ、南西風砂ぼこりを巻き起す。

朝、益田信五郎、西河通徹氏来る。永次郎始めて宿に来る。十一時頃一條従五位公より大和柿一折を贈られ、且つ、書状を寄せて、来る二十七日には来訪するようにという意向を伝えて来た。午後九州鉄道会社創立委員嘉悦氏房氏が来て、鉄道について話し合った。嘉悦氏は九州の有力者であって所謂九州改進党総理とも称すべき人物である。年齢が五十を過ぎたようだといっても、話は壮快であって勇気が顔面に溢れている。確かに、将来国会議事堂に頭角を現す者は、この人でなくて誰がいるであろうか。黄昏、銀座街を歩き回り、朝野新聞社に行き、犬養を訪ねる。居なかった。帰りに、勧工場に遊ぶ。夜、上遠野、山田が来る。

二　一条実輝（1866～1924年）華族で軍人。直純と古い学友であったようだ。

三　1834～1908年。熊本藩士の子として生まれた政治家。後に衆議院議員

同二十二日　快霽

早起、大久保、武石と吉井宮内次官を問ふ。次官齢耳順に近く、白鬚髯半顔《はくしゅぜんはんがん》を掩ふ。然れとも、鹿児島出身の人にして、政府にありては勢力家の評あり。曽て日本鉄道会社の長となり、殊に客歳《かくさい》我秋田を通過せられたるの故を以て、我事業上に就き頗る依るべき者あるが如し。余輩到るや客殿に引き鉄道上の談話をなし、余輩をして将来尽すべきの方向を授けられたり。十時過辞し去りて寓に帰る。午後余根本先生を問ふ。此日先生斯文《しぶん》学校[一]の講義日なり迚《とて》、将に出黌《しゅっこう》[二]せんとするの場合なれば、共に斯文校に出て易の講義を聞く。斯文学校は近来洋学に圧倒せ

同二十二日　快晴

早く起きて、大久保、武石と吉井宮内次官を訪ねる。次官は年齢が六十に近く、白ひげが顔半分を覆っている。しかしながら、鹿児島出身の人で、政府の中では力がある人との評がある。かつて日本鉄道会社の長となり、殊に昨年我が秋田を通過されたという縁があることから、我が事業上について頗る頼りになりそうな気がする。我々が行くと客殿に通し鉄道上のことについて語り、我々が将来尽すべき方向を授けていただいた。十時過ぎ辞去し宿に帰る。午後、私は根本先生を訪ねる。この日先生は斯文学校の講義の日であるとのことで、将に学校に出発しようと

られ、微力言語に堪へたるもの、如し。余講堂に入るや寂として更らに人なく、唯四、五の漢学生堂隅にありて先生を竢《ま》つあるのみ。先生講義を始むるや、雄弁神魂《しんこん》に徹し其証例に富めるや啻《ただ》に十数を以て数ふべからざるもの許多《きょた》なり。蓋し老て益々盛なるもの先生にあらずして何ぞや。弁説二時間計《ばかり》にして終る。高島嘉右エ門氏[三]も此の日根本先生に続て易を講じ、畝傍艦の事に付、近来卜《ぼく》したる処のものを説く。雄談快説交ゆるに滑稽を以てし、人をして簡易に易を知らしめんことを目的とせらる、もの、如し。氏、身商家に座すると雖とも、風采容貌毫《ごう》も凡なるものなく、之れを一目《いちもく》して評するときは、堂々たる大書家の趣ありと云ふべし。彼の身、尺雲を突き、眼光人を射るが如きは抑《そもそも》高島の高島たる所謂《ママ》[四]乎。黄昏講義全く終り、復根本先生の邸に到る。高島氏も亦根本先生を訪ひ暫らく易談をなして帰る。其説く処、一として人胆[五]を寒からしめざるものなきが如し。高島氏斯文学校に於て説く処の畝傍艦之筮《ぜい》[六]

していたところであったので、一緒に斯文学校に行き易の講義を聞いた。斯文学校はちかごろ洋学に圧倒され、勢力の乏しいこと言葉では言い難いほどである。私が講堂に入ってみると　ひっそりとして他に人はなく、ただ四、五人の漢学生が堂の隅にあって先生を待っているのみ。先生が講義を始めると、雄弁な話は深く心に染み込み、その論拠となる事例が豊富なことは、まさに十いくつでは数え切れないものが沢山あるほどである。思うに老いて益々盛なるものとは先生のことでなくて何があろうか。講義は二時間ばかりで終った。高島嘉右エ門氏もこの日根本先生に続いて易を講義し、畝傍艦の事に付いて、近来占ったところを説く。ユーモアを交えて雄弁にわかりやすく話し、これは人に容易に易をわからせようとする目的であるように見える。氏は、商家の出身であるけれども、風采容貌いささかも凡俗であることはなく、これを一見して評するならば、堂々たる大書家の趣があると言うべきである。彼の身体、

は大略左の如し。

畝傍艦

師　四爻　変　転卦

左次无咎未失常也　雷水解　水山蹇

左《シリゾ》き次《トド》まる咎なし　畝傍艦風波のために何れの処にかしりぞき次まりて居り咎之不詳なることにかゞ《マ》ら《マ》ず居ると云意味

未た常を失はざる也　未た艦体の常体を失ふことなく乗込人やら何やら皆従来の侭にて居ると云ふこと

雷水解　非常に苦み居ると云ふこと

水山蹇　蹇《アシナエ》のかたわものが水なる谷川と絶壁なる山の間に挟まりて大に苦み居る有様にて畝傍艦食料と石炭をかき進退谷《きわ》まりて苦むの見也

此外、山水蒙と云へる編の講義ありたり。余根本先生を辞し帰れるは七時頃なりしが、此夜、東京府知事、鹿鳴館に於て各大臣、各府県知事の目下出京中の者、紳商七、新聞記者等無慮三、四百名の盛宴を

背丈は雲を突くほど高く、眼光は人を射るようであるのは、そもそも高島の高島たる所以であろうか。

黄昏講義がすべて終り、再び根本先生の邸に行った。高島氏も亦根本先生を訪ね、しばらく易談をして帰った。その説くところは、一として心胆を寒からしめないものはないようである。高島氏が斯文学校において説いた畝傍艦の占いの見立ては大略左のとおりである。

畝傍艦

師　四爻　変　転卦

左次无咎未失常也　雷水解　水山蹇

左《シリゾ》き次《トド》まる咎なし　畝傍艦は風波のためにどこかにしりぞき止まって居り、咎の不詳なることにかかわらず居るという意味

未た常を失はざる也　まだ艦体の常体を失ってはおらず、乗組員やら何やらは皆従来のままであるということ。

雷水解　非常に苦んでいるということ。

張らるべき夜なるが、途中煙火《えんか》の中天に燦然《さんぜん》たるを見る。

京游日誌第六号了

一　明治維新後の西洋崇拝の風潮を憂えた岩倉具視らが儒学の再興を期して明治一三年に開設した。
二　学校に出かけること。
三　1832～1914年。幕末～明治期の実業家にして易学の研究家。京浜間の鉄道建設にも関わる。
四　「所以」の誤りであろう。
五　「心胆」に同じか、またはその誤りか。
六　明治一九年一〇月南シナ海で行方不明となった防護巡洋艦「畝傍」の消息についての占いの見立て。二月十五日の条の注一〇参照
七　一流の商人、経済人

水山蹇　足の不自由な者が水である谷川と絶壁である山の間に挟まって大いに苦しんでいる有様であって、畝傍艦が食料と石炭を欠き進退極まって苦しむという見解である。

この外、山水蒙という編の講義があった。私が根本先生を辞去し帰ったのは七時頃であるが、この夜は、東京府知事が鹿鳴館に於いて各大臣、各府県知事の目下上京中の者、紳商、新聞記者等大方三、四百名の盛宴を張られる夜であって、途中花火が中空に光り輝くのを見た。

京游日誌第六号終り

根本通明の老いて益々盛んな講義ぶりにもかかわらず、洋学の隆盛による漢学の衰退は覆うべくもない。

高島の占いにもかかわらず、畝傍の消息は未だに不明である。

京游日誌第七号

於東京京橋客窓藤子皦稿

二月廿三日　快霽寒風北より来

午前十時頃神田松田町[一]より出火して、火勢一時は少しく旺《さかん》なりしが、消防隊の尽力により暫時にして鎮火せり。十一時頃車を命し、鉄道会社に到り運輸課長白杉氏に面会し、鉄道上取調のことに付談話をなす。白杉氏は熊本出身の人にして、会社にありては頗る有力の人なりと云。帰途馬杉翁を蓮塘《れんとう》[二]畔の書屋《しょおく》に訪ふ。翁悦て余を迎へ、暫く文墨上の談をなす。所謂繁中閑を語る[三]とは夫れ之れを云ふか。之れより青山知事を訪ふ。在らず。黄昏寓に帰る。此の日羽生書記官、木戸土木課長帰県の途に上る。

一　現千代田区鍛冶町二丁目付近
二　不忍池のこと。
三　「忙中閑あり」に同じ。

京游日誌第七号

東京京橋の宿にて藤子皦記す。

二月二十三日　快晴、寒風北から吹く。

午前十時頃神田松田町より出火して、火勢は一時ちょっと盛んだったが、消防隊の尽力によりしばらくして鎮火した。十一時頃車を呼び、鉄道会社に行き運輸課長白杉氏に面会し、鉄道上の調査について語り合う。白杉氏は熊本出身の人であって、会社にあっては頗る有力な人であるという。帰りに馬杉翁を不忍池の近くの居宅に訪ねる。翁は喜んで私を迎え、暫く詩文について語り合う。所謂繁中閑を語るとはこういうことを言うのか。その後青山知事を訪ねる。不在であった。黄昏宿に帰る。この日羽生書記官、木戸土木課長が帰県の途につく。

仝二十四日　同上

午前十時頃より車を命し芝宮本町に到り、秋田大林区長[一]貴島磯麿氏を問ふ。余輩到るや氏悦迎へ、相携へて品海《ひんかい》[二]に散歩を試む。途、某寺に到り、薩人維新の役[三]に戦死せるもの、墓を弔ふ。墓小丘にあり、其数幾百なるを知るべからず。或は凛然《りんぜん》たる碑文を刻するあり、或は絶世の詩歌を□[四]せるあり。足一度《ひとたび》此地を踏むものは、誰《だれか》悲壮慷慨の情なきものあらん。殊に丘上より品海を臨めは、海波洋々として水天に接し、七砲台[五]上船舶織るが如く、真に活画図《かつがと》と云ふべきなり。暫にして丘を下り、貴島氏に誘はれて有名なる万世楼に到り、相酌む。楼、品海に莅《のぞ》み、京浜間の汽車屡《しばしば》楼頭を往来し、風景殊に美なり。此楼薩人にあらずんは飲まざるの楼にして、構造より割烹、楼婢、楼丁[六]に到るまて常に薩風を以て事となし、余輩東北人士の解すべからざるもの甚多し。此の貴島氏の如きは薩人なるを以て、割烹

同二十四日　前日に同じ。

午前十時頃より車を呼び芝宮本町に行き、秋田大林区長貴島磯麿氏を訪ねる。我々が行くと氏は悦んで迎え、一緒に品海に散歩することになった。途中、ある寺に寄り、薩摩人で維新の役の際に戦死したものの墓を弔った。墓は小丘にあり、その数は幾百あるかわからない。或いは勇ましくりりしい碑文を刻んだものがあり、或いは絶世の詩歌を□したものがある。ひとたび此の地を踏むものは、誰か悲壮慷慨の情を抱かないものがあろうか。殊に丘上より品海を臨めば、海上の波が洋々として水と天が接し、七砲台の上に船舶が織り込まれたようで、真に生き写しの絵と言うべきものである。暫くして丘を下り、貴島氏に誘われて有名な万世楼に行き、酒を酌み交わした。楼は品海に臨み、京浜間の汽車がしばしば楼の前を往き来し、風景は殊に美しい。此の楼は薩摩人でなければ飲まない楼であって、造りから料理、

の注文より言語等に到るまで能く解し得て、甚妙なり。現に此日の如きは、鹿児島出身の人にして貴顕紳士の此楼に来り飲むもの数十人ありと云ふ。貴島氏の楼婢に命して余輩に饗せるごた烹とか云ふ薩摩料理は、大に美味を覚へたり。黄昏、一同辞して寓に還る。帰途、余、大久保と銀座街に到り大倉喜八郎[七]を訪ひ、手代木村某に会話せり。

一　現在の森林管理局長に相当
二　品川沖及びその海浜のことであろう。
三　戊辰戦争のことであろう。
四　「雋」に「刂」（りっとう）の文字であり、不知。若しかして「劃」の誤りではないか。
五　品川の砲台は七つあった。
六　楼の男女の使用人
七　1837～1928年。現新潟県出身の実業家。大倉財閥の創設者

楼婢、楼丁に到るまで常に薩摩風を以てもっぱらとし、我々東北の人々には理解できないものが甚だ多い。此の貴島氏などは薩摩人であるから、料理の注文から言語等に到るまで能くわかっており、甚だすばらしい。現に此の日などは、鹿児島出身の貴顕紳士で此の楼に来て飲むものが数十人あるとのこと。貴島氏が楼婢に命じて我々に御馳走したごた烹とかいう薩摩料理は、大いに美味であった。黄昏、一同辞去して宿に帰った。帰途、私は大久保と銀座街に寄り大倉喜八郎を訪ね、手代の木村某と話した。

薩摩出身者専用の料亭まである。やはり薩摩の隆盛を感じる。

二月廿五日　曇天風あり

横山勇喜氏、下三郡[一]鉄道請願委員の資格を以て着京せり。乃ち寓を真鍋方に移さしめ、之れにて余輩の尽力せる鉄道事件上の談話をなす。此日、鍋島青森県知事、青山秋田県知事、柴原山形県知事等某楼に相会し鉄道事件の相談会をなす。夜、横山と土居秋田県属を問ふ。在らす。上遠野を問ふ。亦あらす。

一　北三郡（鹿角、北秋田、山本）に同じか。

仝廿六日　快霽無風

早起、武石と青山知事を問ひ、三県知事談会の要旨を問ふ。寓に還るや上遠野来る。上遠野帰るや小原、大縄来る。夜、青山知事に到り国道の談話をなす。知事云「余か職務上より之れを云ふときは殆と之れ

二月二十五日　曇天で風がある。

横山勇喜氏が下三郡の鉄道請願委員の資格で着京した。そこで宿を真鍋方に移させ、それによって我々の尽力している鉄道事件について話し合った。此の日は、鍋島青森県知事、青山秋田県知事、柴原山形県知事等がある料亭に集まり鉄道事件の相談会を開いた。夜、横山と土居秋田県属を訪ねる。居なかった。上遠野を訪ねる。これもまた居なかった。

同二十六日　快晴無風

早く起きて、武石と青山知事を訪ね、三県知事の会談の要旨を尋ねる。宿に帰ると上遠野が来た。上遠野が帰ると小原、大縄が来た。夜、青山知事のところに行き国道について話し合った。知事が言うには

を耳朶《じだ》に挟むべからさるの事に似たれとも、足下夙に此事に熱心にて其なす処薄からず。縦令前《さ》きに秋田へ出張せる山田技師京にあらざるも、余窃《ひそ》かに土木局にありて其任に当る処のものに之れを計らん。唯請ふ。足下之れを人に公言して、余か人言《じんげん》を容る、に容易なるを知らしむるなかんことを」と。余於是《ここにおいて》誓て他言せざるを約し、其懇切を謝して寓に帰る。此の日、大久保、武石、冨樫等、横浜の水道実見として午後一時の汽車にて出発す。

京游日誌第七号畢

「私の職務上から言うとほとんど聞き及ぶようなことではないが、貴殿はとてもこの事に熱心でその行いも思慮深い。もし以前に秋田へ出向いた山田技師が東京におらなくても、私が密に土木局の担当する者にこのことを計ってみよう。ただ願う。貴殿がこのことを他言して、私が他人の言うことを簡単に聞き入れるなどということを知らせることのないように」と。私はそこで誓って他言しないことを約束し、その親切に感謝して宿に帰った。此の日、大久保、武石、冨樫等が、横浜の水道を実見するということで午後一時の汽車で出発した。

京游日誌第七号終り

国道路線の件については、青山知事から好感触を得たようだ。知事の言草には臨場感がある。

京游日誌第八号

東京々橋客舎　藤子皦稿

二月廿七日　微雨《びう》来る午後全霽

朝、高垣、大縄、山田来る。十一時頃車を命し一條実輝氏を問ふ。此日日曜なるを以て氏福吉町の邸に在り、曽て約あるを以て　余を竢てり。余到るや深亭に惹き、丁重なる日本料理を饗す。肉美にして酒甘く、旧談新話の間不覚《おぼえず》耳忽ち熱す。殊に庭前の梅花雨を含て紅白を闘し、竹林の鶯児《おうじ》何の処にか綿蛮《めんばん》[二]声を発し、大に酒興を助くるに足る。午後二時に到り酔を尽し寓に還る。還るに莅《のぞ》み、氏、三條内大臣[三]の書一軸、聖上より今般下賜せられたる色菓子壱折、近衛老公[四]の額壱面、印刷局製朱肉壱箱を贈らる。午後より山形県出京委員重野謙次郎氏を訪ひ、鉄道上の協議をなす。夜に入り武石、横浜より帰り来る。長倉、西川来り訪ふ。

京游日誌第八号

東京京橋の宿にて　藤子皦記す。

二月二十七日　小雨があった。午後は快晴

朝、高垣、大縄、山田が来る。十一時頃車を呼び一條実輝氏を訪ねる。此の日は日曜日なので氏は福吉町の邸に居り、前からの約束があったので私を待っていた。私が着くと奥まった部屋に誘い、丁重な日本料理を御馳走してくれた。肉は美しく酒は甘く、昔のことや最近のことを語り合っているうちに、知らず知らずあっと言う間に耳が熱くなってしまった。殊に庭前の梅の花は雨を含んで紅梅、白梅が優を競い、竹林のどこかから鶯の雛のさえずる声が聞こえ、大いに酒興を助けるのに十分であった。午後二時になって十分に酔って宿に帰った。帰るに際し、氏は三條内大臣の書一軸、聖上より今般下賜された色菓子一折、近衛老公の額一面、印刷局製の朱肉一箱を

一　二月二十一日の条参照
二　鳥のさえずる声
三　三條実美（1837~1891年）。幕末の尊攘派の公卿
四　幕末維新期の公卿、近衛忠熙（1808~1898年）か。

二月廿八日　曇暖気を催す

冨樫、大久保横浜より帰る。午後横山と北畑翁[八]を問ふ。翁昨夜温泉より帰りし迚、病気快方の祝杯を饗せらる。此席には大審院評定官津出退治氏も来り莅《のぞ》む。五時頃より先生を辞し、青山知事を問ふ。在らす。去りて土居一等属の寓を問。閑話数刻にして還る。偶穂庵来りあり。閑話数刻にして去る。

一　北畠道龍のことであろう。

贈られた。午後から山形県出京委員重野謙次郎氏を訪ね、鉄道について協議をした。夜に入り武石が横浜から帰って来た。長倉、西川が訪ねて来た。

二月二十八日　曇り、暖気のきざしがある。

冨樫、大久保が横浜から帰る。午後横山と北畑翁を訪ねる。翁は昨夜温泉から帰ったということで、病気快方の祝杯を御馳走になる。此の席には大審院評定官津出退治氏も来て同席した。五時頃より先生を辞去し、青山知事を訪ねる。居なかった。去って土居一等属の家を訪ねる。雑談をしばらくして帰る。偶々穂庵が来て居った。雑談をしばらくして去る。

三月一日　晴天風砂を飛ばす

午前寓にあり。午後武石と本郷に到り、吾妻兵治[一]氏を問ふ。氏、鉄道会社次長に面識あるを以て紹介を請はんと欲してなり。帰路、土居一等属を問ふ。在らず。空しく寓に帰る。

一　1853～1917年。久保田（現秋田市）出身。藩医の子。明治の代表的啓蒙思想家中村正直（号　敬宇）に師事。官途に就き外務省等に勤務する傍ら、中村の私塾「同人社」で『同人社文学雑誌』の、アジア主義の団体「亜細亜協会」でその会報『亜細亜協会報告』の編集を担当。「陸軍教授」を最後に官を辞した後、「善隣訳書館」を設立し、明治維新による近代化の成果を東アジアに広めるため和洋の有用な書を漢訳刊行した。当時は外務省翻訳局勤務を経て非職（休職）の時期か。直純の漢学の師、根本通明は、吾妻の父方の義理の叔父に当るので、根本が介在したのかもしれない。加藤慎一郎「秋田出身「吾妻兵治」って何者?」（二〇一八年）参照

三月一日　晴天、風が砂を飛ばす。

午前中は宿に居た。午後、武石と本郷に行き、吾妻兵治氏を訪ねる。氏は鉄道会社次長に面識があることから紹介を頼もうと思ってのことである。帰路、土居一等属を訪ねる。居なかった。空しく宿に帰る。

三月六日から八日までの条を見ると、三日にわたり「松本鉄道局次長」、「松本技師」或は「松本一等技師」を訪ねている。三者は同一人物とも考えられ、その場合、この「鉄道会社次長」とは、「鉄道局次長」の誤り又はそれを故意にぼかしたものであり、したがって、松本荘一郎（後の鉄道庁長官）を指しているのではないか。

鉄道開設に向け、あらゆる伝手を求めて東奔西走する一コマである。

現代と異なり携帯電話もないので、連日「問ふ。在らず」が頻繁に出てくる。「空しく寓に帰る」の一言が労しい。

同二日　仝上

早起大久保、武石、横山等と榎本大臣[一]を訪ふ。大臣余輩を別室に惹き懇談数刻に渡る。大臣山形、秋田を経過すべき線路の利益を説き、頗る余輩の説く処を賛成す。此の日大臣横浜に趣くべき約あるを以て、頻りに時間を急かる、もの、如し。乃ち九時卅分を以て大臣を辞す。大臣の邸築地にあり。構造甚美ならず。唯余輩を惹く処の別室中、許多の洋籍を畳積《じょうせき》せると支那古代の甲冑を装置せるは、頗人目を駭《おどろ》かすに足る。是れより新橋に到り一同汽車に乗り、品川に到りて後藤象次郎氏[二]の邸を問ふ。執事云「主人病臥せり。請ふ、四、五日を隔て、来たれ」と。乃《すなわち》各《おのおの》名刺を通して帰る。後藤氏の宅は小丘にありて品海に面し、洋構の美館にして庭園甚美なり。余輩門に入るのみにして未《いまだ》室に入らざるを以て、能く室内の装飾を見ること克はざれとも、都下の貴顕紳士中未た多く見ざる処なり。帰途高輪泉丘《ママ》寺に到り、

同二日　前日に同じ。

早く起きて大久保、武石、横山等と榎本大臣を訪ねる。大臣は我々を別室に通し懇談は数刻に及んだ。大臣は山形、秋田を通過すべき線路の利益を説き、頗る我々の説くところに賛成した。此の日大臣は横浜に赴く約束があるとのことで、頻りに時間を急がれるようであった。そこで九時三十分に大臣を辞去した。大臣の邸は築地にある。構造は全く美しくない。唯我々を通した別室の中で、沢山の洋書を積み重ねているのと支那古代の甲冑を飾っているのは、頗る人目を驚かすに十分である。それから新橋に行き一同汽車に乗り、品川に着いて後藤象次郎氏の邸を訪ねる。執事が言うには「主人は病に臥せっている。願わくは四、五日経ってから来てほしい」と。そこで各自が名刺を渡して帰った。後藤氏の邸宅は小丘にあって品海に面し、洋風の美しい館であって庭園がとても美しい。我々は門に入るだけであって

義士の墓処に詣す。墓処の現況及木像、首洗井戸、義商利兵衛の墓等列記すべきもの許多あれとも、已に実見の人寡なからざるを知り、茲に謷《ごう》[三]せず。偶時針正午を報ず。乃ち芝浦見晴楼に到り、酒を命して相酌む。見晴楼は品海に枕し門前は新橋、横浜間鉄道の軌道にして、実に風流閑雅の別乾坤なり。殊に割く処の魚は直ちに海中より取り来りて之れを屠《ほふ》るものなれば、東京市中多く味ふべからざるもの、みなり。午後二時頃杯を投し愛を割く。余大久保と九州鉄道委員嘉悦氏の寓を問ふ。在らず。高橋基一氏[四]を問ふ。氏慇懃に余輩を遇し、都下政治社会の現況及将来の目的を懇談す。此夜山形人と矢野文雄氏[五]を問ふべき約あり。四時頃高橋氏を辞して寓に還る。黄昏より重野、大久保、武石、横山と吾妻橋に到り矢野氏を問ふ。氏余輩を亭に惹き茶を烹、時事を談ず。氏容貌美にして言語婦人の如く談論頗ふる論理法によるもの、如く、自然異邦人の風采あり。十時頃再会を期し辞して還る。

未だ室に入っていないので、よく室内の装飾を見ることはできないけれども、都内の貴顕紳士の中でもまだ多くは見ないところである。帰途高輪泉岳寺に寄り、義士の墓所に詣でる。墓所の現況及び木像、首洗井戸、義商利兵衛の墓等列記すべきものは沢山あるけれども、既に実見した人が少なくないことを知り、ここでやかましく言いたてることはしない。たまたま時計の針は正午を知らせた。そこで芝浦の見晴楼に行き、酒を注文して酌み交わした。見晴楼は品海に面し、門前は新橋、横浜間鉄道の軌道であって、実に風流閑雅の別天地である。殊に割くところの魚はたったいま海中より取って来てこれを割くものなので、東京市中でも多くは味わうことのできないもののみである。午後二時頃名残惜しかったが断念して杯を投じた。私は大久保と九州鉄道委員嘉悦氏の宿を訪ねる。居なかった。高橋基一氏を訪ねる。氏は慇懃に我々をもてなし、都の政治社会の現況及び将来の見通しを話し合った。此の夜、山形県

京游日誌第八号尾張

一　榎本武揚（１８３６～１９０８年）。幕末～明治の幕臣、政治家。当時は逓信大臣

二　後藤象二郎（１８３８～１８９７年）。幕末～明治の土佐藩出身の政治家、実業家。当時「大同団結運動」を主導

三　やかましく言いたてること。

四　１８５０～１８９７年。松江出身の民権活動家。元朝野新聞記者

五　矢野龍渓（１８５１～１９３１年）。豊後（現大分県）出身の政治家・小説家。代表作に『経国美談』

人と矢野文雄氏を訪ねる約束があった。四時頃高橋氏を辞去して宿に帰った。黄昏より重野、大久保、武石、横山と吾妻橋に行き矢野氏を訪ねる。氏は我々を屋敷に通し茶を煎れ、時事を語り合った。氏は容貌が美しく言語は婦人のようで論は頗る論理の法則によっているようであり、自ずから異邦人の風采がある。十時頃再会を期し辞去して帰った。

京游日誌第八号終り

榎本武揚はじめ錚々たる面々を訪ねる。アポなしでも会えたのだろうか。榎本邸と後藤邸の評価が対照的で面白い。両者の気質の違いをも想像させる。榎本が山形、秋田を通過する鉄道の利益を説いたとのこと、直純は余程我が意を得たりの心境であったようだ。珍しく懇談内容を記述している。

矢野龍渓は政治家、小説家、ジャーナリスト等々明治のマルチ人間、特に政治小説『経国美談』の著者として教科書にも名が載る。直純も矢野の容貌からして魅了されたらしい。なお、直純は、この年明治二〇年夏、自ら政治小説『書窓の夢』を書きあげている。

京游日誌第九号

東京々橋客舎　藤子皦稿

三月三日　曇天無風

朝、北畠翁来り、鉄道上に付き種々懇切なる談話をなし、翁自ら総理大臣に面会し親しく利害得失を説《とか》んことを明言す。明旦、冨樫清京地を発し帰県の途に上るの期なるを以て、余輩粗宴を某楼に設け相酌む。

仝四日　微風雲を吹き屡《しばしば》日光を遮る

此日より鉄道委員出京日誌の編纂を委託せられ更ら

京游日誌第九号

東京京橋の宿にて　藤子皦記す。

三月三日　曇天無風

朝、北畠翁が来て、鉄道のことについて種々懇切な話しをし、翁が自ら総理大臣に面会して親しく利害得失を説くことを明言した。明朝、冨樫清が都を発ち帰県の途につくことになっているので、我々は小宴をある料理屋に設け酒を酌み交わした。

> 北畠道龍にはそれだけの力があったのだろうか。言葉は勇ましい。

同四日　微風が雲を運び、しばしば日光を遮る。

此の日より鉄道委員出京日誌の編纂を委託され、更に一層の繁を加ふ。午後、横山、武石と上野公園に徘徊す。帰途、余馬杉翁を訪ひ文章上の談話をなす。之れより高垣の寓を訪ふ。高垣酒を置き余を饗し、閑話夜半に及ふ。帰途、土居秋田県属を問ふ。在らず。

仝五日　快霽

此日より事業上調査を要すべき書類許多出来《しゅったい》したるを以て、三名傭《やとい》を命し、余厳然として之れが取締たり。亦一笑すべきなり。午後大久保と柴原山形県知事を問ふ。之れより最上広胖の邸を叩く。最上の邸は九段坂上にあり、巨門高屋堂々たる勅任㆒の邸宅の如く、余輩一書生縦令玄関に到るも殆と取次を

に一層忙しくなる。午後、横山、武石と上野公園を歩き回る。帰途、私は馬杉翁を訪ね詩文について語り合う。それから高垣の宿を訪ねる。高垣は酒を出して私をもてなし、語らいは夜半に及んだ。帰途、土居秋田県属を訪ねる。居なかった。

出京日誌の編纂を委託され忙しくなったと言いながら、上野公園散歩などゆとりのある一日に見える。

同五日　快晴

この日より事業上調査を要する書類が沢山出て来たので、三名を雇い、自ら厳しく監督した。これまたお笑い草である。午後、大久保と柴原山形県知事を訪ねる。それから最上広胖の邸に押し掛けた。最上の邸は九段坂の上にあり、大きな門に高層の建物と、堂々たる高級官吏の邸宅のようで、我ら一介の書生

叱呼《しっこ》するの勇気を失するが如し。余輩到るや、主人堂に誘ひ酒を命じ相話す。談渾て高謾《こうまん》にならざるはなし。偶武石、横山等も来り会し、笑談甚譁《かまびす》し。酒終るや主人一行を楼上に誘ひ茶菓を饗す。楼、駿河台と相対し、筑波、冨峯皆一目《いちもく》の中にあり。都下多く得べからざるの地と云ふべし。三時頃一同相携て亀井戸の臥龍楳[二]を尋ぬ。梅園葛飾郡にあり、二州橋を距る殆と里余。此日土曜なるを以て、書生、官吏社会の吟杖《ぎんじょう》[三]を曳くもの甚た多し。然れとも花の綻《ほころ》ふもの未《いま》だ三の一を出てざれば聊か遺憾なき克《あた》はず。唯老幹《ろうかん》嵯峨として園中に蟠《わだか》まり清香馥郁《せいこうふくいく》として衣を襲ふは、縦令俗塵紛々の間に狂奔する吾輩たるも、覚へす快と呼ひ妙と称するに至る。黄昏愛を割き柳橋に到り一酒楼に憩ひ、小酌して寓に還る。此夜謄写物の読合等をなし、昼間養ひ得たる浩然の気何れの処にか消尽し、憒懣に耐へずして睡に就く。

一　勅命により叙任された官吏のこと。

にすれば、もし玄関まで到っても殆ど取次を呼び立てる勇気を失いそうだ。我らが到着すると、主人は客間に案内し酒を出させ語り合う。話はすべて羽振りのいいことばかりだ。たまたま武石、横山等もやって来て一緒になり、笑い語ることとても騒々しい。酒が終わると主人は一行を二階に案内し、茶と菓子を御馳走する。二階は駿河台に面し、筑波山や富士山を皆一望できる。都下ではなかなか得られない地と言わなければなるまい。三時頃、一同はそろって亀井戸の臥龍梅を訪れた。梅園は葛飾郡にあり、二州橋からおおよそ一里余りのところにある。この日は土曜日なので、書生や官吏の散歩するものがとても多い。しかしながら、花はまだ三分の一も綻んでいないので、聊か残念でないわけではない。ただ老木が高く険しく園の中に曲がりくねっており、清らかな香りが馥郁として衣服に寄って来るのは、たとえ世俗にまみれ走り回っている吾輩であっても、思わずいい気持だと叫び、すばらしいと称えてしまう。

二　梅の名所
三　詩人が散歩しながら持つ杖

三月六日　霽少風あり

夙に起き大久保、武石と共に井上鉄道局長[1]の官邸を問ふ。臥床にありて面会を辞せらる。去りて大給賞勲局総裁[2]を問ふ。亦病臥を以て謝絶せらる。帰路重野山形県会副議長を問ふ。在らす。松本鉄道局次長[3]を問ふ。亦在らす。北畠翁を問ふ。在り。翁欧米の鉄道談をなし、一行に晩餐を饗す。且つ曽て紀州侯より賜ふ処の大刀及自ら戦場に帯ひて敵将澤

黄昏、未練を断ち切って柳橋に向かい、ある料理屋に腰を下ろして軽く一杯やって宿に帰った。この夜は、書き写した物の読み合わせ等をして、昼間養うことができた浩然の気もどこかに消耗しつくしてしまい、腹立たしさにがまんできないまま眠りに就いた。

最上広胖が素封家であることがよくわかる。

三月六日　晴、少し風がある。

早く起き大久保、武石と共に井上鉄道局長の官邸を訪ねる。床に臥しているとのことで面会を断られる。辞去して大給賞勲局総裁を訪ねる。これまた病で臥しているということで謝絶される。帰路重野山形県会副議長を訪ねる。居ない。松本鉄道局次長を訪ねる。また居ない。北畠翁を訪ねる。居った。翁は欧米の鉄道の話をし、一行に夕食を御馳走した。且つ

田某を斬りたる鍔《つば》前《さ》き三尺有余ある軍刀を示し、其戦況等を併せ語る。語気壮快殆と実戦を目撃するの想あり。将に辞せんとするに莅《のぞ》み明治十六年欧州漫游中ヲーストリーに於て「プロセツシヨルスタイン」[四]より学問上の判断を与へられたる横文の掛物一軸を取出し本年五、六月の間には必す秋田に再游[五]して此のことを詳談せんことを語る。七時頃翁を辞し、松本技師[六]を問ふ。亦在らず。帰途最上広胖を問ひ、十一時過きに及ひ帰寓せり。

一　井上勝（1843～1910年）。長州藩士。明治期の鉄道官僚。幕末に伊藤博文らとイギリスに留学した「長州ファイブ」の一人。「日本の鉄道の父」と呼ばれる。

二　大給恒（1839～1910年）か。幕末～明治の大名、華族

三　松本荘一郎（1848～1903年）か。明治の鉄道官僚。全国の鉄道敷設計画を担当。後に鉄道庁長官等を歴任。工部大技長、鉄道一等技師、鉄道庁部長の経歴は確認できたが、次長は確認できず。三月一日の条の寸感参照

四　ローレンツ・フォン・シュタイン Lorenz von Stein。ドイツの法学者、思想家。伊藤博文にドイツ式の立憲体制を薦

曽て紀州侯より賜った大刀及び自ら戦場に帯びて敵将澤田某を斬ったという鍔《つば》から先が三尺余りある軍刀を示し、その戦況等を併せて語った。語気が壮快で殆と実際の戦いを目撃しているようである。将に辞そうとする時に当り、明治十六年欧州漫遊中オーストリアに於いてスタイン教授より学問上の判断を示された横文字の掛物一軸を取り出し、本年五、六月の間には必ず秋田を再訪し、このことを詳しく話す旨を語った。七時頃翁を辞去し、松本技師を訪ねる。また居ない。帰途最上広胖を訪ねる。十一時過ぎになり宿に帰る。

やはりアポなしでは断られることもあったようだ。七人を訪ねて会えたのは二人だけ。それとも、「臥床にありて」とか「病臥を以て」というのは断りの方便か。これに対し、北畠道龍の場合は、来訪者を心待ちにしているように見える。ただし、自慢話を聞かされただけかも。

め影響を与えたことで有名

五　道龍は明治一三年に秋田県を訪れている。『榊田清兵衛翁伝』（榊田記念会、一九三三年）参照

六　松本鉄道局次長に同じか。

三月七日　曇寒風時に雪を飛はす

早朝、最上来る。余、大久保等と最上を伴ひ重野の寓を問ひ、鉄道上の談話をなす。之れより青森出京委員田中畊一の寓を問ふ。在らす。帰路、三井物産会社に到り支配人等に面会し鉄道の談話をなす。寓に帰るや鳥海《とりのうみ》弘毅[一]、俣野時中[二]、田中畊一、上遠野、大縄等来り訪ふ。七時頃大久保、横山と松本技師[三]を問。亦あらず。帰路、余、青山知事を問ひ、国道の景況を探る。知事の談頗る因循《いんじゅん》の憾《うらみ》なき克《あた》はす。

一　1849～1914年。亀田藩士。後に大日本武徳会の創立に加わる。当時は秋田県収税長か。伊藤耕餘『故人の面影』

三月七日　曇り、寒風が時折雪を飛ばす。

早朝、最上が来る。私は、大久保等と最上を伴って重野の宿を訪ね、鉄道上の話をする。それから青森の出京委員田中畊一の宿を訪ねる。居ない。帰路、三井物産会社に寄り支配人等に面会し鉄道の話をする。宿に帰ると鳥海弘毅、俣野時中、田中畊一、上遠野、大縄等が訪ねて来る。七時頃大久保、横山と松本技師を訪ねる。また居なかった。帰路、私は、青山知事を訪ね、国道の状況を探る。知事の話は頗る旧例にこだわりすぎるきらいがないわけではない。

参照

二　1857〜1912年。庄内藩士。教育者。当時は東京専門学校の舎監か。

三　前日訪ねた松本技師即ち松本荘一郎であろう。

京游日誌第十号

東都槙街[一]客舎　藤子皦

三月八日　曇天寒気手頭《しゅとう》を威《おど》す

早起腕車を命し、単行して芝佐久間町に至り、熊本県官田口政五郎秋田出身判任一等を問ひ、九州鉄道の調書を借覧す。苟も我鉄道事業上参考となるべきものは乃ち乞ふて齎《もたら》し帰る。此日山形、秋田、青森の三県人真鍋方に相会し、事業上の協議をなす。来会するもの青森人田中耕一、山形人濵村勘太郎、武石速水、板垣儀助、重野謙次郎、佐藤里治及ひ秋田人大久保鉄作、横山勇喜、武石敬治、最上広胖、伊藤直純等なり。

二月二十六日の条からすると、青山知事の国道線についての姿勢は後退したのかもしれない。

京游日誌第十号

東京槙街の宿にて　藤子皦

三月八日　曇天、寒気が手先を縮こませる。

早く起きて人力車を呼び、ひとりで芝佐久間町に行き、熊本県の役人田口政五郎（秋田出身の判任官一等）を訪ね、九州鉄道の調書を借りて見る。かりにも我が鉄道事業上参考になると思われるものは即座に願って持ち帰るのである。此の日山形、秋田、青森の三県人が真鍋方に皆集まり、事業上の協議をした。来会したものは青森人田中耕一、山形人浜村勘太郎、武石速水、板垣儀助、重野謙次郎、佐藤里治

黄昏余大久保、横山等と松本一等技師[二]の邸を問ふ。技師余輩を客室に曳き、事業上の利害得失を懇談す。十時頃辞して寓に還る。

一　旧京橋区の町名

二　松本荘一郎（三月六日の条注三参照）であろう。したがって、松本鉄道局次長に同じか。

同九日　風雨窓を叩き転《うたた》清然たり[一]

此日向島植半楼に於て、山形、秋田、青森人の鉄道事件に関し出京したる者の親睦会を開くへき約あり。午後二時頃より腕車を命し、風雨を侵し向島に赴く。吾妻橋を渡り濹堤《ぼくてい》[二]に出つれは、風益暴にして雨愈激し。殊に濹田の水流は激浪堤を噛み、綾瀬の渡船

及び秋田人大久保鉄作、横山勇喜、武石敬治、最上広胖、伊藤直純等である。黄昏、私は大久保、横山等と松本一等技師の邸を訪ねる。技師は我々を客室に通し、事業上の利害得失を語り合った。十時頃辞去して宿に帰る。

終日、鉄道事業上のことで奔走する。松本荘一郎一等技師にもようやく面談が叶い、遅くまで話し込んだようだ。

同九日　風雨窓を叩き、いっそう清々しい。

此の日は向島の植半楼に於いて、山形、秋田、青森人の鉄道事件に関し上京した者の親睦会を開く約束があった。午後二時頃より人力車を呼び、風雨をついて向島に向かう。吾妻橋を渡り濹堤に出ると、風は益々荒々しく雨も愈々激しい。殊に隅田川の水

も為めに通つること克はざるに至る。余車上より提上の桜樹を眺めは、朶々《えだえだ》蕾を蓄へ偏へに春風の無情を悲むの趣きあり。楼に達するや青森田中氏已にあり、各員の遅刻を憤る。余座に就き之れを慰む。無幾衆相携来る。乃座を定め相献酬す。楼隅田川に枕し遠く富士と相対し、風景甚美なり。故に若し夫れ花信《かしん》[三]楼朶《ろうだ》に至《いたり》香風衣に薫せは、無数の游客陸続踵《きびす》を接し絃歌鼓笛騒然として、流水為に止まるに至る。今や時期未至らず、狂風暴雨行人を絶す。其惨状憐むべきなり。此親睦会たる専ら鉄道事業に関したるものなれは、楼朶花なくして風雨江上に暴するか如きは固より意とするに足らざるが如くなれとも、酒興為に充分ならざるの状あるに似たり。笑談耳熟《じじゅく》し、相携へて帰路に就きたるは下午七時頃《かご》なり。

一　逆説的表現、つまり負け惜しみで言ってるのか。
二　隅田川の土手の異称
三　花だより

流は激浪が土手を噛むようで、綾瀬の渡船もそのために通じることができなくなっている。私が車上から土手の桜の樹を眺めると、枝々は蕾を蓄え偏へに春風の無情を悲しんでいるかのような趣がある。楼に達すると青森の田中氏が既に来ており、各人の遅刻を憤っている。私は座に就いてこれを慰めた。間もなくみんなが一緒にやって来た。そこで座を定めて一緒に酌み交わした。楼は隅田川に臨み遠く富士と相対し、風景は甚だ美しい。故にもし花だよりが楼の枝に至り花の香りを含んだ風が衣に薫るようになれば、無数の遊覧の客がひっきりなしに続き絃歌や鼓笛が騒然として、流水もそのために止まるくらいになる。今は時期が未だそれには至らず、狂風と暴雨が行人を絶えさせている。其の惨状は憐むべきものである。此の親睦会は専ら鉄道事業に関したものであるので、楼の枝に花がなく風雨が河の上に吹き荒れるようなことは固より意に介するには足らないようであるけれども、酒興はそのために充分では

三月十日　曇天寒風甚し

吾妻兵治氏来る。重野謙次郎氏来る。最上広胖氏来る。大久保在らざるを以て暫くにして辞し帰る。片岡侍従[一]、横山を問ひ来り、半日の乗馬談をなす。松本常盤三井物産会社員氏来り、余と事業上の懇話をなす。夜、片野重久[二]、川崎胖[三]、山田猪太郎、守屋俊太郎[四]等来り、秋田懇親会の談話をなす。小原毅来る。

一　片岡利和（1836～1908年）。土佐藩士。後に貴族院議員

ないように見える。談笑が何度も繰り返され、連れ立って帰路に就いたのは午後七時頃であった。

暴風雨を押しての親睦会。さすがにあまり盛り上がらなかったようだ。

三月十日　曇天、寒風が甚だしい。

吾妻兵治氏が来る。重野謙次郎氏が来る。最上広胖氏が来る。大久保が居ないので暫くして辞去して帰る。片岡侍従が横山を訪ねて来て、半日も乗馬について語る。松本常盤（三井物産会社員）氏が来て、私と事業上の話をする。夜、片野重久、川崎胖、山田猪太郎、守屋俊太郎等が来て、秋田懇親会の話をする。小原毅が来る。

二　秋田県出身で相場師として名を馳せ、東京米穀取引所理事長を務めた人物か。当時は文部省の職員

三　官吏。明治二五年一一月一〇日付けで福井県参事官（官報記事より）。角館出身、明治四五年一月二六日札幌で死去、死去当時は在札幌秋田物産館評議員、秋田郷党会長（以上秋田魁新報の明治四五年一月二八日の記事より）

四　不詳

同十一日　快霽

籠《こもり》谷《や》定雄[一]御納米[二]の件に付出京して一昨夜到着したり迚来り問ふ。最上広胖、山田猪太郎、根本公任[三]、石井忠景[四]等来り問ふ。午後、小原を問ひ与に写真をなす。帰路、照井八十八[五]を問ふ。暫らく談話をなして辞し還る。夜、山口県警部神本氏来り訪ふ。酒を置き笑談夜半に到る。大縄、小林、上遠野等来る。

一　1859～1915年。秋田日報記者、秋田市議。当時の

同十一日　快晴

籠谷定雄が御納米の件で上京し一昨夜到着したということでやって来た。最上広胖、山田猪太郎、根本公任、石井忠景等も訪ねて来た。午後、小原を訪ね一緒に写真を撮る。帰路、照井八十八を訪ねる。暫らく話をして辞去して帰る。夜、山口県の警部神本氏が訪ねて来る。酒を出し談笑は夜半に及んだ。大縄、小林、上遠野等来る。

役職は不明。伊藤耕餘『故人の面影』参照

二　一般的には官府に米穀を納める意であろうが、当時の具体的な仕組み、内容は不詳

三　不詳

四　不詳

五　1868～1938年。後に金沢西根村長。後三年駅設置に尽力。当時は東京遊学中か。

三月十二日　快霽

皇太后宮《こうたいごうぐう》[一]西京[二]より還幸あらせられたり。朝、神本氏の寓を問ひ別を惜む。氏、今日を以山口に赴んとするが為なり。之れより新橋に到り　皇太后宮の御通輦《ごつうれん》[三]を拝せり。各大臣、各華族の奉迎をなすものは馬車を駆りて東西より集まり、騎兵、憲兵の警護に出つるもの粲爛《さんらん》たる正服を着け四方に奔走す。殊に目立ちしは、当時出京中の大谷光尊西本願寺[四]氏黒塗りの二頭馬車に駕し法衣を着けて礼帽を頂けるもの之れなり。彼の拝観人の路傍に群をなしたるは新

三月十二日　快晴

皇太后宮が京都よりお戻りになられた。朝、神本氏の宿を訪ね別れを惜しむ。氏が本日を以て山口に向かおうとするためである。それから新橋に行き、皇太后宮のお通りを拝見した。各大臣、各華族で奉迎をするものは馬車を駆って東西より集まり、騎兵、憲兵で警護に出るものはきらびやかな正服を着け四方に奔走する。殊に目立つのは、当時上京中の西本願寺の大谷光尊氏が黒塗りの二頭馬車に乗り法衣を着けて礼帽を冠ったのがこれである。それを拝観す

橋々畔《きょうはん》一時人山《ひとやま》を築くに異ならず。自鳴鐘十時を報するや堂々列を正くして順路赤坂皇宮に還御あらせらる。十時頃より大久保、武石と共に駒込に至り、田口卯吉[五]氏の邸を問ふ。氏、近頃両毛鉄道会社なるものを創立し専ら鉄道上に注目するを以て、事業上の談話に於て益を得るもの鮮《すくな》からず。午後二時頃、一同田口氏を辞し去る。余之より本間健治[六]を問ひ、久潤を謝し、本間熊治[七]に面会す。寓に還るや末広重恭[八]、犬養毅氏等来り訪はる。余大久保と洋食を命し二氏に饗す。或は事業を談し或は時事を論し半夜に入りて去る。此夜暴風屋を動し狂雨窓を破る。暁に激して安眠すること克はす。

一　天皇の生母
二　京都のこと。
三　車でお通りになること。
四　1850～1903年。西本願寺二十一世
五　1855～1905年。経済学者・文明史家。『日本開化小史』の著者。自由主義経済、鉄道民有民営の立場から鉄道経営にも関与

る人が路傍に群をなしているのは、新橋の橋のほとりに一時人の山を築いたのと異ならない。自鳴鐘が十時を知らせると堂々と列をつくって順路を赤坂皇宮にお戻りになられた。十時頃より大久保、武石と共に駒込に行き、田口卯吉氏の邸を訪ねる。氏は近頃両毛鉄道会社というものを創立し専ら鉄道のことに注目していることから、事業上の話に於いて有益なことが少なくなかった。午後二時頃、一同は田口氏を辞去した。私はそれから本間健治を訪ね、久濶を謝し、本間熊治に面会した。宿に帰ると末広重恭、犬養毅氏等が訪ねて来る。私は大久保と洋食を用意させ二氏に御馳走した。或は事業について談じ或は時事を論じ真夜中になって去った。此の夜は暴風が建物を動かし、狂ったような雨が窓を破るようであった。暁に激しくて安眠することができなかった。

田口卯吉は学者に止まらず実業家でもあったのだ。

六　不詳
七　不詳
八　末広鉄腸（1849~1896年）。「重恭」は本名。政治家・ジャーナリスト・小説家。著書に『雪中梅』など

京游日誌第十一号

都下槙街客窓藤子皦

三月十三日[一]　寒風面を払ひ旭日品海を照す

早起腕車を命し、一同品川に到り、後藤象次郎翁に面話す。翁、容貌魁偉、眼光人を射る。時、宿痾《しゅくあ》[二]未た癒へざるを以て、洋風の蓐衣《じょくい》[三]を着け応接処に来る。談渾て時事にあらざるはなく、悲壮慷慨の餘《あまり》、語気激に渡るもの屡《しばしば》なり。談論三時間を費す。別《わかれ》に莅《のぞ》み、本年五、六月の頃には必す山形より秋田に来游することを約し[四]、辞し去る。寓に還り午餐を喫し、大久保と最上広胖を問ふ。之れより駿河台に到り、青森人田中耕一の寓を訪て還る。夜、岡収税長

京游日誌第十一号

東京槙町の宿にて　藤子皦

三月十三日　寒風が顔面を吹き払い、朝日が品海を照らす。

早く起きて人力車を呼び、一同品川に行き、後藤象次郎翁に面談する。翁は容貌魁偉にして、眼光は人を射る。ちょうど、持病が未だ治らないということで、洋風の寝巻を着て応接所に来る。談話はすべて時事にわたらないものはなく、悲壮慷慨のあまり、語気は激しくなることがしばしばであった。談論は三時間に及んだ。別れに際し、本年五、六月の頃には必ず山形より秋田に来遊することの約束を得て、

来る。

一　この条の上部余白に「此の日青池法寿来り訪はれ、赤星敬次郎仙台より出京したり迚て来訪したるの一項を脱記す。」と注記している。青池法寿は不詳

二　持病

三　寝巻

四　後藤は翌明治二一年夏に東北地方を遊説している。

仝十四日　快霽

朝、青森、山形の有志と最上方に相会し、事業の協議をなす。帰途、一同文部省に到り、文部省直轄の各学校参観の手続を照会す。夜、重野謙次郎、山田猪太郎来り話す。此の日、余小閑を偸《ぬす》み腕車を駆り根本先生を問ひ、孝経、論語の先生朱子に反対する箇条の講義を聞く。帰途、片野重久氏を問ふ。在らす。永次郎[一]に面話す。之れより小原毅を問ひ平福

辞去した。宿に帰り昼食を摂り、大久保と最上広胖を訪ねる。それから駿河台に行き、青森人田中耕一の宿を訪ねて帰る。夜、岡収税長が来る。

幕末の動乱を生き抜いた後藤象二郎の描写は真に迫るものがある。

同十四日　快晴

朝、青森、山形の有志と最上方に集まり、事業の協議をする。帰途、一同は文部省に行き、文部省直轄の各学校の参観の手続を照会した。夜、重野謙次郎、山田猪太郎が来て話をする。此の日、私は寸暇を見つけ人力車を跳ばして根本先生を訪ね、孝経、論語について先生が朱子に反対する箇条の講義を聞いた。帰途、片野重久氏を訪ねる。居ない。永次郎と会っ

穂庵を問ふて還る。

一　永次郎（二月二十一日の条初出）は、片野と同居又は同職（文部省）か。

三月十五日　曇天寒風沙を捲く

大久保、武石、三井物産会社に到り松本を問ふ。余、横山と文部省に到り属官[1]片野重久氏の先導にて高等中学[2]、商業学校[3]、高等女学校[4]等を順覧す。岩手県属官及県会議員等八名、余輩と与に参観す。高等中学は旧大学校[5]なれとも木製の粗造にして見るに足るものなし。唯校門の広きと生徒の多きには駭《おどろ》けり。校門に入るや応接処に於て小憩し、舎監の先導にて教場、寝処、食堂、調練場等を順覧す。再ひ応接処に至り、午餐を喫し仝校幹事矢田部梅吉秋田出身氏[6]に面話す。午後二時同校を辞し、一同東京商業学

て話す。それから小原穀を訪ね、平福穂庵を訪ねて帰る。

三月十五日　曇天、寒風が砂を巻き上げる。

大久保と武石は三井物産会社に行き松本を訪ねる。私は横山と文部省に行き属官の片野重久氏の先導で高等中学、商業学校、高等女学校等を見学した。岩手県の属官及び県会議員等八名が我々と共に見学した。高等中学は旧大学校であるけれども木製の粗い造りで見るに足るものはない。ただ校門の広いのと生徒の多いことには驚いた。校門に入ると応接所でちょっと休み、舎監の先導で教場、寝所、食堂、調練場等を順次見学した。再び応接所に戻り、昼食を摂り同校の幹事矢田部梅吉氏（秋田出身）に会って

校に到る。該校は固《もとより》外国語学校にして構造甚粗ならす。殊に新築の練瓦堂は外観、内部とも大に都合宜し。余輩該校に到るや、校員案内をなし教場、自習室、寝室、商業実戦場、商品陳列場等を順覧せり。最後、陳列場に於て電気燈を点して一行に示し、且つ幹事某氏商業学校の目的等を懇談せられたり。之より一同仝校を辞し高等女学校に趣く。女学校も亦校員の先導にて各室を順覧す。偶裁縫室に於て外国女教師の裁縫を授くるを見る。其術の妙にして懇篤《こんとく》なる教授をなすに於ては実に感すべきものあり。四時頃同校を退き、歯科医渡部良齋方に至り診察を乞ひ治療を乞ふ。帰途江畑[七]の寓を訪ふ。暫にして江畑を辞し腕車を買ひ寓に還る。此夕寓に於て秋田懇親会の協議会あり。川崎胖、上遠野冨之助、大縄久雄、小林某、高垣徳治、片野重久等来る。晩餐を饗し相話す。九時頃皆辞し帰る。夜、重野謙次郎氏来り事業上の談話をなす。

話した。午後二時、同校を辞去し、一同は東京商業学校に行った。同校は固より外国語学校であって造りは決して粗末ではない。殊に新築の練瓦づくりの講堂は外観、内部とも大いに具合がよい。我々が同校に到着するとすぐに、学校の職員が案内し教場、自習室、寝室、商業実習場、商品陳列場等を順次見学した。最後に、陳列場に於いて電燈を点して一行に示し、且つ幹事の某氏が商業学校の目的等を話された。それから一同は同校を辞去し高等女学校に赴いた。女学校も亦、職員の先導で各室を順次見学した。たまたま裁縫室に於いて外国人の女教師が裁縫を教えるのを見る。其の術のすばらしく懇切な教授をするのについては実に感ずるところがあった。四時頃同校を退き、歯科医の渡部良齋方に行き診察を求め治療を願った。帰途、江畑の宿を訪ねる。暫くして江畑を辞去し人力車を雇い宿に帰った。此の夕、宿に於いて秋田懇親会についての協議会があった。川崎胖、上遠野冨之助、大縄久雄、小林某、高垣徳

一　官吏の職の一つ
二　旧制第一高等学校の前身
三　旧制東京商科大学（現在の一橋大学）の前身
四　当時の官立東京女学校
五　明治二年東京に設立された官立教育機関
六　矢田部梅吉（1855～1897年）。現大館市生まれ。本県初の理学士。後の東京物理学校の創立者の一人
七　後の飯詰村長江畑新之助（1871～1933年）か。

三月十六日　仝上

早起武石と市ヶ谷監獄官舎に至り副典獄吉田禄造氏に面会す。氏秋田出身にして三島警視総監[一]と交際あれば、同氏の周旋を以て三島氏に面会を求め土木上の談話を聞んことを欲してなり。帰路最上を訪ひ

治、片野重久等が来た。夕食をを御馳走し話し合う。九時頃、皆辞去し帰る。夜、重野謙次郎氏が来て事業上の話し合いをする。

設立まもない高等教育機関の視察は興味津々であったと思われる。ただ、その観察が女学校を除いて外形的な面に偏っているのは、時間的な制約があるといえ、ちょっと残念。

商業学校で電気燈を点灯して見せたのは、日本で初めて白熱電灯が点されたのが明治一八年、我が国初の電気事業者東京電灯が開業したのが明治一九年であることを知れば頷けるであろう。

三月十六日　前日に同じ。

早く起きて武石と市ヶ谷監獄官舎に行き副典獄吉田禄造氏に面会する。氏は秋田出身であって三島警視総監と交際があるので、同氏の周旋を以て三島氏に面会を求め土木上の談話を聞くことを欲してのこと

暫《しばし》談話をなして還る。寓に帰るや飯を喫し、文部省に出て横山勇喜、六郷剛吉郎[二]及岩手県人七、八名と片野文部属[三]の前導にて東京職工学校[四]を観る。該校は生徒殆三百名を養ひ木工、石工、鉄工、染工職工等各課業を分ち、午前は書籍の講究にて午後は実物の試撿《しけん》をなすと云ふ。故に各室とも蒸気管を設け、人力を用へずして機械悉く運転をなさしむべし。余輩順覧中目撃せる処のものは縮緬《ちりめん》紋付の染方、大材の挽き割り、鉄鉤《かぎ》の製造、石室の築造等尤も目を驚すに足るもの多し。之れより帝国大学[五]に到り医学部、理学部、法学部、文学部、天象台《てんしょうだい》、地震室等を覧観せり。大学中目に触るゝもの一々之れを記せんとせば、数葉の誌紙固より能く尽し得べき処にあらず。唯一、二の尤も喫驚せるものゝみ聊か茲に略記して、他日小閑を得て別に詳述する処あらんとす。大学医学部病理研究室に於て「バクテリヤ」即ち虎列刺《コレラ》病試験場あり。此室に至るや、校員一硝子管より「バクテリヤ」を取出し顕微鏡を以て其実形を

である。帰路最上を訪ね、暫く話をして帰る。宿に帰るなりご飯を食べ、文部省に出て横山勇喜、六郷剛吉郎及び岩手県人七、八名と片野文部属の案内で東京職工学校を見学する。同校は生徒およそ三百名を養い、木工、石工、鉄工、染工、職工等各課業を分ち、午前は書籍による講究であって午後は実地の試験をするという。故に各室とも蒸気管を設け人力を用いないで機械を悉く運転させているのである。我々が順次観覧して目撃したものは縮緬《ちりめん》紋付の染め方、大材の挽き割り、鉄鉤《かぎ》の製造、石室の築造等尤も目を驚かすに足るものが多い。それから帝国大学に行き医学部、理学部、法学部、文学部、天文台、地震室等を見学した。大学の中で目に触れるものの一々を記そうとすれば、わずかな枚数の新聞や雑誌の記事ではもともとよく言い尽すことはできない。唯、一、二の尤も驚いたもののみ聊かここに略記して、他日小閑を得て別に詳述することとしたい。大学医学部病理研究室に於いて「バクテリヤ」即ち

示されたり。余輩の視る処によれは、其色紫を帯ひ恐るべき一小虫なり。此室には「バクテリヤ」を生育せしむるもの、蒸殺するもの、捕獲するもの等其機械一々具備し、大に人目を驚かせり。解剖室に到るや、許多の医学生蛙や蛇の解剖をなし居るを見たり。北側一硝扉を開けは広濶《こうかつ》なる一室あり。中央二個の寝台あり。台上各人体を置き白布を以て其半身を掩ふ。其一体は死後一両日を隔つるのみなるか如しと雖とも、他の一体は殆と半ケ月も経過したるものゝ如く臭気忽ち鼻頭に迫る。殊に頭部、手部等数箇処の解剖をなしたるを以て、其状見《みる》に忍ひざるものあり。此室の側《かたわ》らに解剖物陳列場あり。或は耳、或は足、或は手、其数幾百なるを知らず。此中甚奇と云ふべきものは、文身者《いれずみもの》[六]の皮を其儘にはぎ取り干して板に張り付けたるもの之れなり。其手ぎはの妙と文色《あいろ》を失せざるには、実に目を驚したり。此の外文学、法学の教場、寝室、医学の患者治療、天文台、地震室等に於て目を驚したるもの許多なり。此

虎列刺《コレラ》病試験場があった。此の室に行くと、学校の職員が一の硝子管より「バクテリヤ」を取り出し顕微鏡を以て其の実際の形を示してくれた。我々の視るところによれば、其の色は紫を帯びた恐ろしい一小虫である。此の室には「バクテリヤ」を生育させるもの、蒸気で殺すもの、捕獲するもの等其の機械の一つ一つが備えられており、大いに人目を驚かした。解剖室に行くと、許多の医学生が蛙や蛇の解剖をして居るのを見た。北側の一つの硝子扉を開けば広々とした一室があった。その中央に二個の寝台があった。台上にはそれぞれ人体を置き白布を以て其の半身を覆っている。其の一体は死後一両日を経ただけであるようであるが、他の一体は殆ど半月も経過したもののようで臭気が忽ち鼻頭に迫る。殊に頭部、手の部等数箇処の解剖をしたことから、其の状態は見るに忍びないものがある。此の室のかたわらに解剖物陳列場があった。或は耳、或は足、或は手、其数は幾百あるかわからない。此の中で甚だ奇怪で

日北畠翁より冨士見軒に於て洋食を饗するの招状あり。即ち午後四時帝国大学を辞し冨士見軒に趣く。乃ち客室に誘ひ翁より懇篤なる談話あり。点灯頃より翁一同を食堂に誘ひ盛なる宴会を開く。此の日来会するもの寺島宮中顧問官[七]、吉井宮内次官、松本軍医総監[八]、柳原元老院議官[九]、三浦議官[一〇]、東久世賞勲局総裁[一一]、船越千葉県知事、大塚代言師、須藤横浜病院医員、其他岩手、青森、山形、秋田、高知、横浜等県会議員及翁と面識あるもの数十名なり。此席たる貴賤の別なく各対当の権を以て相接するの会なれは、互に胸襟を開て相語るを得たるは実に壮快を究めたり。一同酔を尽し、名刺の交換をなして退散したるは午後七時頃にてありき。

京游日誌第十一号終

一　三島通庸。県令時代土木工事を進めたことで有名。二月十三日の条注四も参照
二　由利地区選出の県会議員
三　片野重久か。三月十日の条注二参照

あると言わざるをえないものは、文身者《いれずみもの》の皮を其の儘にはぎ取り干して板に張り付けたものがそうである。其の手際の妙と模様を失わせていないことには、実に目を見張らせられた。此の外、文学、法学の教場、寝室、医学の患者治療、天文台、地震室等に於いて目を見張らせるものが多数あった。此の日、北畠翁より冨士見軒に於いて洋食を御馳走するとの招待があった。そこで午後四時帝国大学を辞去し冨士見軒に赴いた。すると客室に案内され、翁より懇切な話があった。灯りが点る頃より翁は一同を食堂に誘い盛大な宴会を開いた。此の日来会したものは寺島宮中顧問官、吉井宮内次官、松本軍医総監、柳原元老院議官、三浦議官、東久世賞勲局総裁、船越千葉県知事、大塚代言人、須藤横浜病院医員、其他岩手、青森、山形、秋田、高知、横浜等県会議員及び翁と面識あるもの数十名である。此の席というのは貴賤の別がなく各々が対等の権利を以て相対する会であるので、互に胸襟を開いて相語ることができた

四　現在の東京工業大学の前身
五　現在の東京大学の前身
六　江戸時代、入れ墨の刑に処せられた者
七　寺島宗則（1832～1893年）。鹿児島出身の外交官、政治家。外務卿などを歴任
八　松本順（1832～1907年）。医師。初代陸軍軍医総監
九　柳原前光（1850～1894年）。公卿、外交官
一〇　不詳
一一　東久世通禧（1834～1912年）か。幕末、維新の尊攘派公卿

京游日誌第十二号

都下槙町旅窓　藤　子皦

三月十七日　快霽　夜に入り強雨篠を突

朝松本常盤氏来る。午後北畠翁を叩き宴会の相挨㆒をなす。重野氏来る。此日、浜町常盤屋に於て都下の紳商等相会し事業上の談話をなすべきの約あり。

のは実に壮快を究めるものであった。一同酔を尽し、名刺の交換をして退散したのは午後七時頃であった。

京游日誌第十一号終り

> 理工系や医学の教育現場を見て文明開化の最先端に接し、さぞかし驚いたことであろう。北畠道龍はまだまだ意気軒昂のようだ。

京游日誌第十二号

都下槙町の宿にて　藤　子皦

三月十七日　快晴　夜に入り強雨が篠を突く。

朝、松本常盤氏が来る。午後、北畠翁に押し掛け宴会のお礼を述べる。重野氏が来る。此の日、浜町常盤屋に於いて都下の紳商等が集まり事業上の話し合

午後四時頃より腕車を命し浜街に趣く。黄昏に至り衆皆来り会す。即、酒を命し相語る。談、皆鉄道にあらざるはなし。此席に列せるもの原六郎横浜銀行頭取、荘田平五郎三菱の手代頭、川崎八右エ門川崎銀行主人、山中隣之助東京府会常置委員、高原弘造豪商、重野謙次郎、佐藤里治、大久保鉄作、武石敬治、横山勇喜、最上広胖、吉田六蔵秋田出身市ヶ谷典獄及余の十三名なり。耳熟《じじゅく》し談濃にして一同帰途に就きたるは午後九時にてありしが、寓に還れは大縄来りあり。雨に沮[二]められて宿泊す。

一　お礼の意か。又は「挨拶」の誤りか。
二　訓みは「くいと」か。

仝十八日　朝雨止ます九時頃止む

いをする約束があった。午後四時頃より人力車を呼び浜街に赴く。黄昏に至りそれらの人々が皆集まって来た。そこで、酒を注文し語り合った。話は、皆鉄道のことでないものはない。此の席に並んだものは、原六郎（横浜銀行頭取）、荘田平五郎（三菱の手代頭）、川崎八右エ門（川崎銀行主人）、山中隣之助（東京府会常置委員）、高原弘造（豪商）、重野謙次郎、佐藤里治、大久保鉄作、武石敬治、横山勇喜、最上広胖、吉田六蔵（秋田出身市ヶ谷典獄）及び私の十三名である。同じ話が繰り返され話の中味も濃くて、一同が帰途に就いたのは午後九時であったが、宿に帰ると大縄が来ていた。雨に阻まれて宿泊することになった。

同十八日　朝雨止まず、九時頃止む。

早起文部省に至り片野、林両属官の先導にて工科大学[一]に至り、授業室、寄宿室、実験室、図書室、標本室等を順覧す。各室とも舎監若くは教員出てゝ一々説明をなし、甚た懇篤なり。殊に図書室に於て近頃活画の演戯[二]をなしたりとて、装飾を其儘になし居るものを見受けたり。正午該校を順見し了り、両属官及同行の巌手人七名と芝湖月楼に到り午餐を喫し、築地訓蒙唖院《きんもうあいん》[三]に到り、同院も亦幹事の先導にて授業室、工業室、運動室等を順覧す。同院は蒙唖[四]を二つに分ち、其中男生女生の別をなす。其蒙生[五]に授くるものは凸形の文字[六]、音楽、按摩等を以てし、唖生[七]は乃ち唇の開閉図を示して発音をなさしめ、遂に進て読書に到らしむるの順序にして、其工業の如きは大工、図画、裁縫に過ぎざるが如し。唖生中野村靖[八]先駅逓総監の女《むすめ》あり。頗る発音を工《たくみ》にす。殊に図画に妙を得即時揮毫せる処の月に兎の図は実に妙を得る処あり。噫《ああ》余輩耳目鼻口を全ふするの男児、恥《は》ちざらんと欲するも得へからさるなり。之れより

早く起きて文部省に行き片野、林両属官の先導で工科大学に至り、授業室、寄宿室、実験室、図書室、標本室等を順次見学した。各室とも舎監若しくは教員が出て来て一々説明をし、甚だ懇切であった。殊に図書室に於いて近頃活画の実習をしたということで、装飾を其の儘に描いたものが目に止まった。正午、同校を順次見学し終り、両属官及び同行の岩手人七名と芝の湖月楼に行き昼食を摂り、築地訓蒙唖院《きんもうあいん》に行き、同院も亦幹事の先導で授業室、工業室、運動室等を順次見学した。同院は視覚、聴覚、発語に障害がある者を二つに分け、それぞれを男子生徒と女子生徒に分けている。其の視覚障害の生徒に授けるものは点字、音楽、按摩等であり、聴覚、発語に障害がある生徒は即ち唇の開閉図を示して発音をさせ、最終的には読書に到らせる順序であって、其の工業などは大工、図画、裁縫以上のものではないように見える。聴覚、発語に障害のある生徒の中に野村靖（先の駅逓総監）の娘がいた。とても発音

徒弟講習処に各室を一覧す。同処は東京商業学校の予備校の如きものにして、別に記すべきものなきが如し。只匠の練習課の如きものを設け三年にして建築学を卒業せしむるの趣工は、余輩の感服する処なり。午後四時頃同処を去り駿河台に至り、歯科医渡部の治療を受く。黄昏寓に還る。偶川崎胖、片野の両氏来り在り。閑話夜に入る。

一　帝国大学の分科大学の一つ。現在の東京大学工学部の前身
二　不詳
三　視覚、聴覚、発語に障害がある者の教育施設
四　視覚、聴覚、発語に障害がある者の意
五　視覚障害の生徒の意か。
六　点字のことか。
七　聴覚、発語に障害のある生徒の意か。
八　1842~1902年。旧萩藩士。岩倉使節団の一員。後に内務大臣等

が巧みである。殊に図画が得意であり、その時に描いた月に兎の図は実にすばらしいものであった。あぁ、我々耳目鼻口が全うである男児は恥ずかしくないと願ってもそうはできない。それから徒弟講習所で各室を一通り見る。同所は東京商業学校の予備校のようなものであって、別に記すべきものはないようである。ただ、匠の練習課のようなものを設け三年で建築学を卒業させる趣向は、我々が感服したところである。午後四時頃同所を辞去し駿河台に行き、歯科医渡部の治療を受ける。黄昏、宿に帰る。たまたま川崎胖、片野の両氏が来て居った。四方山話をして夜になる。

工科大学での「活画の演戯」とは何だろう。「活画」を辞書で引くと「活画図に同じ。生きた状態をそのままに描いた絵画」ということだが。もしかして図案や設計図の制作のことだろうか。

三月十九日　快霽

早起大久保、武石と市ヶ谷監獄に至り、副典獄[一]吉田六蔵氏を問ふ。昨日吉田氏より按内状あるを以てなり。余輩到るや吉田氏応接場に誘ふ。此日土曜日なるを以て囚徒に説教あるべきの期日なれば、本願寺より島地黙雷[二]、太田某の両氏来り已に応接場にあり。余到や島地翁客歳《かくさい》順游中の懇遇を謝し種々の談話をなす。暫くありて押丁《おうてい》[三]来り囚徒の入場を報す。乃ち吉田氏の按内にて島地翁等と説教場に到る。翁一席説教をなす。余輩客席に就き之れを聞く。説教了るや吉田氏一同を監獄の別亭に惹き午餐を饗せらる。亭菜園の間にあり。眺望甚美なり。殊に某貴紳の梅園花方《まさ》に盛にして相距《あいさる》甚遠からざれば、大に興を助くるものあり。喫し了りて各監及ひ工場を縦覧す。監中規律甚厳にして役徒を遇する。殆と人間視せざるもの丶如く、余輩の過くる処監守令を下し地に平伏せしめ尽《ことごと》く一礼をなさしむ。所謂仏家の地

三月十九日　快晴

早く起きて大久保、武石と市ヶ谷監獄に行き、副典獄吉田六蔵氏を訪ねる。昨日吉田氏から案内状があったからである。我々が着くと吉田氏は応接室に招いた。此の日は土曜日であることから囚徒に説教することになっている期日なので、本願寺より島地黙雷、太田某の両氏が来て既に応接室に居った。我々が着くと島地翁は去年の巡遊中の懇ろなもてなしを感謝し種々の話をした。暫くして押丁《おうてい》が来て囚人が入場したことを報告した。そこで吉田氏の案内で島地翁等と説教場に行った。翁は一席説教をした。我々は客席に就き之れを聞いた。説教が終わると吉田氏は一同を監獄の別亭に連れて行き昼食を御馳走した。亭は菜園の間にあった。眺望がとても美しい。殊に某紳士の梅園の花がちょうど盛であり、その距離はそれほど遠くないので、大いに興を助けるものがある。食べ終わって各監獄及ひ工場を順次見学した。

獄と称するもの、亦何ぞ之れに異なるものあらん。殊に死刑場の如きは種々の絞殺器を列し、一目して肌に粟を生す。最後に賄場に到り囚徒の飲食物を見る。乃ち麦飯に一菜を加ふるのみにして、殆んと人間の喫すべきものにあらざるか如し。一行中大久保氏の如きは曽て朝野新聞記者たりしとき条例犯[四]を以て某房に禁錮せられたり廼、坐《そぞ》ろに懐旧の情を発せられたり。午後二時頃同処を辞し吉田氏に謝して出つ。吉田氏曽て国事犯の懸疑を受け上京の途、我金沢に来り、病に罹り亀松宅に三、四周間を消し、遂羅卒《らそつ》[五]之探索に遭ひ県下に引戻されたることあり廼て、能く金沢の事情を知れり。此日上野松源楼に於て秋田懇親会あり。午後四時より該処に臨む。四時半一同参会したるを以て酒を呼ひ座に就く。乃ち会主大久保鉄作、川崎胖両氏起て開会の旨趣を演説し、継て一番席に在るものより順次に自各《みずからおのおの》の姓名を称へ面識なきものに告く。此席に列するもの官吏にては鳥海岩手県収税長、七條印刷局技手、熊谷非職

監獄の中は規律が甚だ厳しく囚人を遇している。殆ど人間視しないようであり、我々の通るところでは監守が命令を下し地に平伏させて尽《ことごと》く一礼をさせた。所謂仏教の地獄と称するものは、亦どうして之れに異なるものがあろうか。殊に死刑場などは種々の絞殺器を並べ、一目見て肌に粟を生じた。最後に炊事場に行き囚人の飲食物を見た。それは麦飯に一菜を加えるのみのものであって、殆んど人間の食べるべきものではないようであった。一行の中で大久保氏などは曽て朝野新聞記者であったとき条例犯として某房で禁錮に処せられたということで、おのずから懐旧の情を催されたところである。午後二時頃、同所を辞し吉田氏に感謝して出た。吉田氏は曽て国事犯の嫌疑を受け上京の途中、我が金沢に来て、病に罹り亀松宅に三、四週間を費やし、遂に羅卒《らそつ》の探索に遭い県都に引き戻されたことがあるということで、よく金沢の事情を知っていた。此の日、上野の松源楼に於いて秋田懇親会があった。午後四時より同所

判事[六]、田口熊本県属一等、安藤陸軍中尉、菊地同中尉、橘谷同少尉、小西山口県属四等、片野文部属等、其外根本魁儒[七]、大縄、上遠野、町田、高垣、谷田部、武石、吾妻、籠谷、小林、青柳、加藤、石川、椎川等無慮五十有余名にてありしが、実に近年未曾有の盛会と云ふべきなり。惟惜むべきは青山知事、佐竹従五位の出席せられざることにてありしが、一同歓を尽し争論もなくして退散なしたるは誠に賀すべきの美事と云ふべきなり。此日六郷の出京商又井来尋《きたずぬ》れとも国道の談話をなすべき遑なし。

一　三月十七日の記事では「典獄」とある。
二　1838~1911年。浄土真宗本願寺派の僧
三　旧監獄官制で、看守長や看守を補佐した下級の職
四　新聞紙条例違反か。
五　明治初期の警察官の称
六　職には就いていない判事
七　儒学の第一人者という意で根本通明のことであろう。

に臨んだ。四時半に一同が参会したので酒を出させ座に就いた。そこで主催者の大久保鉄作、川崎胖両氏が起って開会の趣旨を演説し、継いで一番の席に在るものから順次に自らそれぞれの姓名を称え面識のないものに告げた。此の席に居並ぶもの、官吏では鳥海岩手県収税長、七條印刷局技手、熊谷非職判事、田口熊本県属一等、安藤陸軍中尉、菊地同中尉、橘谷同少尉、小西山口県属四等、片野文部属等、其の外根本魁儒、大縄、上遠野、町田、高垣、谷田部、武石、吾妻、籠谷、小林、青柳、加藤、石川、椎川等およそ五十有余名であったが、実に近年未曾有の盛会と言うべきである。ただ惜しむべきは青山知事、佐竹従五位の出席されないことであったが、一同歓を尽くし争論もなくて退散したのは誠に喜ぶべき美事と言うべきである。此の日、六郷から上京した商人の又井が訪ねて来たけれども国道の話をする暇がなかった。

三月廿日　曇無風

早起山形人の寓処を叩き鉄道の協議をなす。此の日寓処真鍋は日本橋区新和泉町壱番地に移転したるを以て与に同処に移る。岡収税長、鳥海弘毅来問《きたりとう》。午後大久保、武石と武田忠臣一を問ひ、青山知事を問ふ。皆不在なるを以て面話をなすこと克はず。隅田川畔永代橋頭に到り新公園築造処を見る。

附言。前報にも記せし如く鉄道事件は意外に好景気を現はし、已に都下の豪商輩より株金を申込むもの頗ふる多く、方今我三県知事及三県より出京

当時の監獄における受刑者の処遇は、同時代の人である直純の目にも地獄と異ならないと見えるほど酷かったようだ。

秋田懇親会の盛会からは、当時の在京秋田県人の結束の強さが偲ばれる。

三月二十日　曇、無風

早く起きて山形人の宿を訪ね鉄道の協議をする。此の日宿の主の真鍋が日本橋区新和泉町壱番地に移転したので一緒に同所に移る。岡収税長、鳥海弘毅が訪ねて来る。午後、大久保、武石と武田忠臣を訪ね、青山知事を訪ねる。皆不在であって会って話をすることはできなかった。隅田川畔の永代橋のほとりに行き新公園を築造している所を見る。

附言。前報にも記したように鉄道事件は意外に好景気を現わし、既に都下の豪商などから株金を申

の委員が計画する処のものは、東北私立鉄道会社を創立し政府よりは壱厘も保護を乞はざることとなし、山形、秋田を貫通して青森に達するの工事は明治廿三年迄て必す落成するの主向[二]なるが、既に此挙を賛成して大に斡旋をなし居もの、大倉喜八郎、渋沢栄一、三井物産会社、岩崎弥之助[三]を始めとし、已に十一、二名の多きに及べり。愈々此事件確定の為明後日総会の申合をなし居れば、我秋田に東北鉄道会社事務処の標札を掲くるは蓋し遠きにあらざるを信す。

京游日誌第十二号尾張

一　1857～1926年。現在の仙北郡美郷町六郷出身の民権運動家。後に県会議員

二　「趣向」に同じか。

三　1851～1908年。三菱財閥の二代目当主。岩崎弥太郎の弟

し込むものが頗ぶる多く、ただ今、我が三県知事及び三県より上京の委員が計画するものは、東北私立鉄道会社を創立し政府からは一厘も保護を望まないこととし、山形、秋田を貫通して青森に達する工事は明治二十三年まで必ず落成するという目標であるが、既に此の企てに賛成して大いに斡旋をして居るものは、大倉喜八郎、渋沢栄一、三井物産会社、岩崎弥之助を始めとして、既に十一、二名の多くに及んでいる。愈々此の事件を確定する為、明後日に総会の申合せをして居るので、我が秋田に東北鉄道会社事務所の標札を掲げる日はおそらく遠くはないと信ずる。

京游日誌第十二号終り

政府の助成は求めないという意気軒昂な運動であり、錚々たる経済人の賛同もあったようだが、その後の歴史が示すところ、直純の感触に反し、東北鉄道会社は実現せず、奥羽本線が全通するのは実に明治三十八年のことである。

京游日誌第十三号

東京江戸橋々頭　耕餘逸民[一]生

三月廿一日　快霽　無風

早起大久保と青山知事を問ひ、鉄道上の協議をなす。此際国道線に付知事の斡旋せられたる様子を聞く。知事云く「已に土木局に向て略陳[二]したれとも、鉄道線確定せざるうちは暫らく国道脩築を見合べき考なり。如此《かくのごとき》事は県会と県庁と協議を整へば、或は土木局を動すべき場合もあるべし。未た差掛りたることにもあらざれば、先々鉄道上のことに向ひ精々尽力すべし。此日は祭日に付参賀すべき筈なり」とて匆々《そうそう》の間充分の談話をなすの時間を得ず、暫時にし辞し帰る。籠谷定雄、最上広胖、小林等来る。午後一同芝紅葉館[三]に趣き大日本有志懇親会に臨む。此会は大塚成吉、大岡育造、角田真平、志摩万次郎氏等[四]の発起を以て成る処のものにして、来会者は大

京游日誌第十三号

東京江戸橋のほとりにて　耕餘逸民生

三月二十一日　快晴　無風

早く起きて大久保と青山知事を訪ね、鉄道上の協議をする。その際、国道路線について知事の斡旋された様子を聞く。知事が言うには「既に土木局に対し大略を述べたけれども、鉄道路線が確定しないうちは暫らく国道の修築を見合わせるべきという考えである。このような事は県会と県庁とで協議が整えば或いは土木局を動かせる場合もあるであろう。未だ差し迫ったことでもないので、先々鉄道上のことに向かって精々尽力すべきである。此の日は祭日に付き参賀する予定である」とのことで、あわただしく、充分の話し合いをする時間を得られず、しばらくして辞去し帰った。籠谷定雄、最上広胖、小林等が来る。午後一同は芝の紅葉館に行き大日本有志懇親会

抵鉄道請願の為上京したるもの若くは蚕糸業会の為め上京したる者多きに居れり。六時頃大抵来会したるを以て、参着の順序を以て席を定め、互に名刺の交換をなして相酌む。余興として茶番狂言を催し、甚盛会にてありき。紅葉館は芝山門[五]の幽邃閑雅《ゆうすいかんが》[六]の地にあり、遠く品海を眺み近く鹿鳴館と相対し風景甚美なり。殊に館中渾て紅葉の模様を附し、食器、食品一として紅葉を附せざるものなきが如く意を用へたりと云ふへし。庭中楓樹林をなし春の吐芽《とが》[七]、秋の霜後《そうご》[八]其風景の美なる論を俟たざるべし。此夜来会するもの無慮五、六十名、さすが広大なる館楼[九]も少く狭隘を感せしむ。酒たけなわにして大塚成吉、大岡育造、角田真平、上田農夫、武田忠臣等の演説あり。十時頃一同興を尽して無事に退散したるは、さすが各府県有志家の会と云ふべきなり。

一　気ままな生活を楽しむ人
二　大略を述べること。

に臨んだ。此の会は大塚成吉、大岡育造、角田真平、志摩万次郎氏等の発起により成るものであって、来会者は大抵鉄道請願の為に上京した者若しくは蚕糸業会の為に上京した者が多く居った。六時頃大抵来会したので、参着の順序によって席を定め、互に名刺の交換をして酌み交わした。余興として茶番狂言を催し、甚だ盛会であった。紅葉館は芝増上寺の山門があるもの静かで趣深い地にあり、遠くは品海を望み近くは鹿鳴館と相対し風景は甚だ美しい。殊に館内ではすべてに紅葉の模様を付け、食器、食品ひとつとして紅葉を付けないものはないように意を用いていると言わなければならない。庭は楓の林となっており、春の芽吹き、秋の霜後《そうご》は其だ風景の美しいこと論を俟たないに違いない。此の夜来会したものはおおよそ五、六十名、さすが広大な楼館も少々狭いと感じられた。酒宴がたけなわになって大塚成吉、大岡育造、角田真平、上田農夫、武田忠臣等の演説があった。十時頃一同興を尽して無事に退散し

三　芝公園にあった会員制の高級料亭
四　いずれも当時の代言人か。
五　芝増上寺の山門のこと。
六　もの静かで趣深いさま
七　発芽すること。
八　霜の降った後
九　高層の建物。楼館に同じ。

三月廿二日　快霽無風暖気加《くわわる》

事業上の調を造り且つ日誌を綴り、終日外出すること克はす。黄昏より浜町常盤屋に至り第二回発起人会に列す。此夜来会するもの都下の紳商にては大倉喜八郎、渋沢喜作[一]、荘田平五郎[二]、木村正幹[三]、山中隣之助[四]外二名にして、山形よりは佐藤里治、重野謙次郎、青森よりは太田清橋、秋田よりは大久保鉄作、横山勇喜、武田忠臣、吉田六蔵、最上広胖及余等なり。此席に於て談合せし条項のをもなるもの

たのは、さすが各府県有志家の会と言わなければなるまい。

国道路線について、青山知事はさすがに簡単には言質を与えない。今度は鉄道事業の進展を条件としてきたようだ。

三月二十二日　快晴無風、暖気を帯びる。

事業上の調書を作り、さらに日誌を綴り、終日外出することができなかった。黄昏より浜町常盤屋に行き第二回発起人会に出席する。此の夜来会したものは都下の紳商では大倉喜八郎、渋沢喜作、荘田平五郎、木村正幹、山中隣之助外二名であって、山形からは佐藤里治、重野謙次郎、青森からは太田清橋、秋田からは大久保鉄作、横山勇喜、武田忠臣、吉田六蔵、最上広胖及び私などである。此の席に於いて

は、都下紳商屈指の中より奥羽鉄道発起人総理を撰定し衆議を一定ならしむる事、更らに細密の調書を製し速に請願の手続をなす事、大凡《おおよそ》株高を千万円と定め、五百万は之れを都下に募り、残五百万は三県より募集する事にてありき。乃ち八時頃より酒を命し相《あい》談笑し、主客皆襟胸《きんきょう》五を開かざるはなし。此夜暴雷俄かに轟き、猛雨盆を傾くるに異らす。十時過き小晴《こはれ》六を窺ひ退散せり。

一　1838〜1912年。明治の実業家。渋沢栄一の従兄
二　1847〜1912年。明治の実業家。三菱財閥の経営者
三　1843〜1903年。明治の実業家
四　1840〜1919年。明治の実業家
五　「胸襟」に同じ。
六　ちょっとの間の晴れ間

合意した条項の主なものは、都下の紳商の屈指の者の中から奥羽鉄道発起人総理を選定し衆議をまとめる事、さらに細密の調書を作成し速やかに請願の手続をする事、おおよそ株高を千万円と定め、五百万は之れを都下に募り、残り五百万は三県より募集する事であった。そこで八時頃より酒を出させ共に談笑し、主客皆、胸襟を開かないものはなかった。此の夜は激しい雷が俄かに轟き、猛雨は盆を傾けるのと異ならなかった。十時過ぎ、ちょっとの晴れ間を窺って退散した。

有力財界人も参加し、株金の募集目標まで決めるなど順調に進んでいるように見えるが……

同廿三日　小雪風に乗して来り寒気俄かに催す

早起車を命し馬喰街[一]羽前屋に至り、又井六郎兵衛[二]を訪ふ。江の島に趣き在らす。去りて柳原[三]に出て石井忠景氏[四]を問ふ。氏骨董店某の楼上塵埃堆裏《じんあいたいり》[五]にあり。陋汚《ろうお》[六]を意とせざるか如く進むる処の茶、余喉を下すこと克はす。然れとも前後左右許多の刀剣を列ね、堂々たる刀剣商の趣あり。余金拾円を投し一銘刀を請ふ。氏甘諾《かんだく》[七]して金を懐ろにし、日ならすして探り来らんことを誓ふ。乃ち石井氏を辞し赤星を訪ふ。赤星秋游の意甚切なるが如く、已に之れを九州の養家に乞ひ、余と京地を発せんことを乞ふ。十一時頃寓に帰る。偶信太慶助[八]熊本県収税属を拝命し、明旦を以て赴任せんと迚告別に来る。午後高垣、川崎、武田等来り話す。高垣遂に宿泊す。

京游日誌第十三号尾張

一　現在の東京都中央区日本橋馬喰町か。

同二十三日　小雪が風に乗って来て、寒気を俄かに催す。

早く起き人力車を呼び馬喰街の羽前屋に行き、又井六郎兵衛を訪ねる。江の島に赴き不在であった。去って柳原に出て石井忠景氏を訪ねる。氏は骨董店某の二階の塵埃が堆積する中に居た。汚らしいことを意に介さないように進める茶を、私は喉を下すことができなかった。しかしながら前後左右に許多の刀剣を列ね、堂々たる刀剣商の趣があった。私は金十円を払い一銘刀を注文した。氏は快く承諾して金を受け取り、いく日もたたずに訪ねて来ることを誓った。そこで石井氏を辞し赤星を訪ねた。赤星は秋田に行く気持が甚だ切なるものがあるようで、既に之れを九州の養家に願い、私と一緒に東京を発つことを願った。十一時頃宿に帰る。たまたま信太慶助が熊本県の収税属を拝命し、明朝には赴任しようということで告別に来た。午後、高垣、川崎、武田等が来て話をする。高垣はとうとう宿泊することになっ

二　不詳
三　現在の東京都足立区柳原か。
四　不詳
五　ほこりが堆積した中
六　汚らしい意か。
七　あまんじて承諾すること。
八　不詳

京游日誌第十四号

在京　藤子皦生

三月廿四日　曇天

早起武石と三井物産に至り松本を問ひ、事業上の談話をなす。午後山形人の寓を問ひ事業上の協議をなす。夜、高垣来訪。

た。

京游日誌第十三号終り

赤星敬次郎（藍城）の秋田行きの意思が固まったようだ。

京游日誌第十四号

在京　藤子皦生

三月二十四日　曇天

早く起きて武石と三井物産に行き松本を訪ね、事業について話し合いをする。午後山形人の宿を訪ね事業について協議する。夜、高垣が来る。

同廿五日　雲晴風軽春暖加

横山と犬養を問ふ。在らす。山形人の寓を問ひ佐藤、板垣、浜村等に面話す。帰路日比谷練兵場を過き観兵式を見る。此観兵式は当時来游の独逸皇孫[一]の為め臨時に催ふされたるものにして　聖上始宮方之れに臨み文武百官之れに倍従し、数千の軍兵は各正服を着けて隊伍を組み、遠きものは雲霞の如く近きものは人丘[二]の如く、広大なる練兵場も殆と立錐の地なきが如し。実に壮観と云ふべきなり。青森人杉山龍江[三]鉄道事件を帯ひ出京して寓に来る。午後柳原賞勲局総裁、東久世元老院副議長、[四]三浦同議官、楠本同議官[五]、松本軍医総監等の招に応し紅葉館に趣く。此夕招状を得て来会するもの山形、新潟、秋田、青森、埼玉、島根、東京、横浜の議員有志等にて、無慮四十名の多きに及べり。座定まるや日本料理の饗応にて、都下屈指の歌妓数十名をして倍酌をなさしむ。酒酣《たけなわ》なる頃茶番狂言を舞はしめて興を助

同二十五日　雲晴れて風軽く春暖が加わる。

横山と犬養を訪ねる。居なかった。山形人の宿を訪ね佐藤、板垣、浜村等に会って話す。帰路、日比谷練兵場を通り観兵式を見る。この観兵式は当時来遊中のドイツ皇帝の孫のため臨時に催されたものであって　聖上始め皇族方がこれに臨み文武百官がこれに随行し、数千の兵士は各々正服を着て隊伍を組み、遠いものは雲霞のようで近いものは人丘のようで、広大な練兵場も殆ど立錐の余地がないようだ。実に壮観と言うべきである。青森人杉山龍江が鉄道に関する任務を帯びて上京し宿に来た。午後、柳原賞勲局総裁、東久世元老院副議長、三浦同議官、楠本同議官、松本軍医総監等の招きに応じ紅葉館に赴く。今夕招待状を得て来会したものは山形、新潟、秋田、青森、埼玉、島根、東京、横浜の議員有志等であって、おおよそ四十名の多数に及んだ。座が定まると日本料理の饗応で、都下屈指の芸妓数十名にお酌を

けしめ、主客相和して充分の歓を尽したり。時計十時を報するや一同辞して館を退く。列席中名あるものは北畠道龍、佐々田懋島根県議長、重野謙次郎山形県副議長、山口権三郎新潟県議長、上田農夫岩手議長等にて、秋田より武石、横山、余の三人出席したり。

一　ハインリヒ・フォン・プロイセン（1862〜1929年）か。フリードリヒ3世の次男で、ヴィルヘルム2世の弟。当時、海軍士官候補生として来日中

二　人が寄り集まってできた丘の意か。

三　旧弘前藩士（1841〜1895年）

四　三月十六日の条では、柳原元老院議官、東久世賞勲局総裁となっているが、どちらも歴任しているようだ。

五　1838〜1902年。大村藩出身。後に衆議院議長

同廿六日　快霽風有

夙に起き柳原、三浦、東久世の邸を叩き、宴会の答礼を陳《の》ふ。帰路山形人の寓を叩き面話をなす。午後

させた。宴たけなわになった頃茶番狂言を舞わせて興を盛り上げ、主客共に親しくなって充分に楽しんだ。時計が十時を報せると一同は辞して館を退いた。列席した中で名のあるものは北畠道龍、佐々田懋（島根県議長）、重野謙次郎（山形県副議長）、山口権三郎（新潟県議長）、上田農夫（岩手県議長）等であって、秋田からは武石、横山、私の三人が出席した。

同二十六日　快晴、風がある。

早く起き柳原、三浦、東久世の邸を訪れ、宴会のお礼を述べる。帰路、山形人の宿を訪れ面談する。午

駿河台に到り新潟人の寓を問ふ。本間健治氏と邂逅す。一旗亭に誘ひ洋食を喫す。之れより小原の寓を問ひ閑話夜に入りて還る。

同廿七日　仝

青山県知事帰任す。一同夙に起き送りて上野停車場に到り分袂《ぶんべい》す。寓に帰り飯を喫し新潟人の寓処を問ふ。帰路歯科医渡部方に到り治療をなさしむ。吾妻、上遠野寓処に来訪す。新潟人寺崎至氏来り、地方出京人相与《あいとも》に議官諸氏を饗せんことを談す。余横山と之れを賛成す。一同事業上の相談会を開き、武石、横山、横浜に趣き原正金銀行社長を問。余高垣、小原と赤星を問ふ。帰路最上広胖を問。

後、駿河台に行き新潟人の宿を訪ねる。本間健治氏と思いがけず出合う。ある料理店に誘い洋食を食べる。それから小原の宿を訪ね雑談し、夜になって帰る。

電話もメールもない時代、このように直に訪問して返礼したわけだ。

同二十七日　前日に同じ。

青山県知事が帰任する。一同早く起き送って上野停車場に行きお別れする。宿に帰りご飯を食べ新潟人の宿を訪ねる。帰路、歯科医の渡部方に寄り治療をしてもらう。吾妻、上遠野が宿に来る。新潟人寺崎至氏が来て、地方からの上京組が一緒になって元老院議官諸氏を饗応することを相談する。私は横山とこれに賛成する。一同は事業上のことについて相談会を開き、武石、横山が、横浜に赴き原正金銀行社

一　たもとをわかつこと。
二　元老院の構成員。元老院議官

同廿八日　仝風伯[一]塵埃《じんあい》を捲く

武石、横山横浜より帰る。午後紅葉館に至り、新潟人、岩手、山形人等と元老院議官諸氏及都下の士を饗す。此夕来会の招状を発したるもの朝野の士併せて四十余名の多きに及ひたれとも、事故あり来会を辞するもの多く、余輩主人たるもの聊か遺憾なき克はす。列席者の名あるもの柳原前光、東久世通禧、楠本正隆[二]、三浦安[三]、銀林綱男[四]東京府書記官、北畠道龍、高島嘉右衛門、尾崎行雄[五]、吉田熹六[六]、加藤政之助[七]（以上来賓）等にて主人にては川合通次、浜村勘太郎、長谷川平門、五十嵐多蔵、板垣儀助、斎藤理右衛門（以上山形）、山田猪太郎、伊藤直純、横山勇喜、

長を訪ねる。私は高垣、小原と赤星を訪ねる。帰路、最上広胖を訪ねる。

同二十八日　前日に同じ。風神が埃を捲き上げる。

武石、横山が横浜より帰る。午後紅葉館に行き、新潟人、岩手、山形人等と元老院議官諸氏及び都下の有力者を饗応する。この夕、来会の招待状を送ったものは朝野の有力者併せて四十余名の多数に及んだけれども、都合が悪くて来会を辞退するものが多く、我ら主催者であるものは聊か遺憾でないわけではない。列席者のうち名のあるものは柳原前光、東久世通禧、楠本正隆、三浦安、銀林綱男東京府書記官、北畠道龍、高島嘉右衛門、尾崎行雄、吉田熹六、加藤政之助（以上来賓）等であって主催者にあっては川合通次、浜村勘太郎、長谷川平門、五十嵐多蔵、

根本行任（以上秋田）、佐々田懋（以上島根）、上田農夫（以上岩手）、山口権三郎、久壽美秀三郎、寺崎至、荒川太二、林善平、渋谷某、荒川某、柳下某、鈴木某等（以上新潟）なり。酒酣《たけなわ》にして数番の紅葉舞を舞はしめ、それより歌妓[八]をして弦を弾し且つ歌はしむ。主客胸襟を開て充分の歓を尽し、夜半相辞して去る。余楠本議官と時事を談し、欽定憲法の非なるを説く。議官之れに反対し数刻弁論をなす。為に深く酔境に入り衆に後れて楠本氏と館を出つ。

一　風の神
二　1838〜1902年。幕末〜維新の肥前大村藩士、官僚、政治家
三　1829〜1910年。幕末〜維新の紀州藩士、官僚
四　1844〜1905年。幕末〜維新の尊攘運動家、官僚。越後出身
五　1858〜1954年。明治〜昭和の政党政治家。「憲政の神様」と称された。
六　1860〜1891年。明治の新聞記者、政治家
七　1854〜1941年。明治〜昭和の政治家
八　芸妓

板垣儀助、斎藤理右衛門（以上山形）、山田猪太郎、伊藤直純、横山勇喜、根本行任（以上秋田）、佐々田懋（以上島根）、上田農夫（以上岩手）、山口権三郎、久壽美秀三郎、寺崎至、荒川太二、林善平、渋谷某、荒川某、柳下某、鈴木某等（以上新潟）である。酒宴たけなわにして数番の紅葉舞を舞わさせ、それから芸妓に弦を弾かせ且つ歌わせる。主催者も招かれた者も一同胸襟を開いて充分に楽しみ、夜半に互に辞して去る。私は楠本議官と時事を談じ、欽定憲法が非であることを説いた。議官はこれに反対し数刻弁論を展開した。そのためすっかり好い心持に酔っぱらってみんなに遅れて楠本氏と館を出た。

元老院の議官に対し欽定憲法反対を説き、気持よく酔っぱらうとは、直純の若さと自由民権の時代の空気を感じる。

三月廿九日　曇寒風甚たし上野の桜花含笑《がんしょう》一の報あり

赤星来る。余宿酔を以て蓐《しとね》に在り。根本、大縄、上遠野来る。乃ち起て談話をなす。寺崎来る。箕田来る。終日外出すること克はず。

一　花が咲き始めること。

京游日誌第十五号

在東都　藤子皦生

三月卅日　快霽

早起、委員の出京記事を製し、且つ京游日誌を記す。籠谷定雄来る。午後横山と秋田県属龍田泰造の寓を

三月二十九日　曇、寒風がすさまじい。上野の桜の花がほころんだという報せがあった。

赤星が来る。私は二日酔いでまだ横になっていた。根本、大縄、上遠野が来る。そこで起きて話をする。寺崎が来る。箕田も来る。終日外出することができなかった。

珍しく二日酔い。外出しなかったのはむしろそのせいかも。

京游日誌第十五号

東都に在って　藤子皦生

三月三十日　快晴

早く起き、委員の上京記事を作り、且つ京游日誌を記す。籠谷定雄が来る。午後、横山と秋田県属の龍

問ひ、今般陸軍省より種馬として下附せられたる「アルゼリー」馬を観る。偶小柴調馬隊曹長、岸本獣医監来る。小柴は陸軍中屈指の馬術家にて洋乗りに妙を得たる人なりと云へば、龍田に請ひ一鞭を試ましむ。小柴乃ち鞭を取り、一々八頭に策《むち》うつ。或は越乗[一]し、或は馬にひざまつかしめ、其妙、人をして感嘆に耐へざらしむ。了りて小柴を洋食店に誘ひ、略馬乗法を聞く。

一　馬術用語か。不詳

仝卅一日　同上

夙に起き上野に趣き桜花を観る。上野の桜は飛广桜《ひがんざくら》[一]と称して、通常の桜花に先たつを以て人皆之れを愛賞せるものなるが、今や濹堤の桜も整はざるに早《はや》已に含笑をなすとは、亦妙と云ふべきなり。帰路赤

田泰造の宿を訪ね、このたび陸軍省から種馬として授けられた「アルゼリー」馬を見る。偶々小柴調馬隊曹長、岸本獣医監が来る。小柴は陸軍の中で屈指の馬術家で西洋馬術に習熟している人だというので、龍田に願い一鞭を試させてもらった。小柴はさっそく鞭を取り、それぞれ八頭に鞭を打った。或る時は越乗りし、或る時は馬を跪かせ、その妙技は、人を感嘆に耐えなくさせる。終わって小柴を洋食店に誘い、馬の乗り方のあらましを聞く。

同三十一日　前日に同じ。

早く起き上野に行き桜花を見物する。上野の桜は彼岸桜と称して、通常の桜より先に咲くところから人は皆これを愛賞するものであるが、まだ濹堤の桜も咲かないのに早くも既に咲き始めるとは、亦すばら

星を問ひ暫《しばし》談話をなし、午前十時頃寓に帰る。此の日事業上の事務稍《やや》閑を得たり。武石、下山田[二]と九段に散歩し写真をなす。之れより上野に至り、有名なる雁鍋[三]に於て午餐を喫す。帰路赤星と邂逅す。武石、下山田を誘ひ工芸共進会を観る。共進会は旧博覧会跡に設けられ渾ての工芸品を網羅せり。殊に絵画、織物、陶器、漆器は人目を驚かしむるもの許多なり。一覧して館を出つるや武石、下山田と相辞し、赤星と根岸鶯谷に至り伊加保の温泉に浴す。此温泉は直ちに伊加保より泉湯を携へ来りて暖むるものにして、家屋の構造より浴室の設置に至るまて渾て純粋の温泉場に異ならず。都下雑沓中如此《かくのごとき》閑地を探くる、亦一興と云ふべきなり。

一　「彼岸桜」に同じか。
二　不詳
三　幕末より名の知れた料理店

しいと言わなければなるまい。帰路、赤星を訪ねちょっと話をし、午前十時頃宿に帰る。この日事業上の事務が少し暇になった。武石、下山田と九段まで散歩し写真を撮る。それから上野に行き、有名な雁鍋に於いて昼食を摂る。帰路、赤星と出くわす。武石、下山田を誘い工芸共進会を見物する。共進会は旧博覧会跡に設けられ、あらゆる工芸品を網羅している。殊に絵画、織物、陶器、漆器は人目を驚かせるものが多数ある。一覧して館を出たところで武石、下山田と互に別れ、赤星と根岸の鶯谷に行き伊加保の温泉に入浴する。この温泉は真っすぐ伊加保から泉湯を持って来て暖めたものであって、家屋の構造から浴室の設置に至るまですべて純粋の温泉場に異ならない。都下の雑沓の中でこのように静かな場所を探すのも、亦一興と言うべきであろう。

ひさしぶりにくつろいだ一日

四月一日　曇天にして風冷かなり

早起平福翁を問ひ、一条家に献すべき揮毫の督責をなす。翁余を迎へ茗《めい》を烹て笑談す。暫くにして翁を辞す。帰途吾妻橋の工事[一]を見る。此工事たる数十万金を費やすべき工事にして、都下橋梁中未曽て見ざるの工事なりと云。今実見する処に因れは、工事大半は落成したれとも、猶完成を告くるには一年有半を要すべきものあるを信す。寓に還るや俣野時中、大縄久雄等来る。夜赤星来り、大久保の病を診す[二]。

一　隅田川に架かる最初の鉄橋工事
二　「しんず」と訓むのか、又は「診る」の誤りか。

同二日　降雨如糸

午前は蟄居して記事をなす。午後車を命し浅草井生

四月一日　曇天であって風は冷かである。

早く起きて平福翁を訪ね、一条家に献上ずる揮毫を厳しく督促する。翁は私を迎え茶を煎れて談笑した。暫くして翁を辞した。帰途、吾妻橋の工事を見る。この工事は数十万金を費やすであろう工事であって、都下の橋梁中未だ曽て見ない工事であるという。今実見するところによれば、工事の大半は落成したけれども、猶完成を告げるには一年有半を要するであろうと信ずる。宿に帰ったら俣野時中、大縄久雄等が来た。夜、赤星が来て、大久保の病を診察する。

穂庵は画人であり、赤星は医師であったのだ。

同二日　降雨は糸のようだ。

午前は蟄居して記事を書く。午後、車を呼び浅草の

邨楼[一]に至り立憲改進党の大演舌会を聞く。此日大雨篠を突き泥濘履《でいねいくつ》を瀆《とく》すにも関らず、聴衆前を争ふて場に入り、門前六、七名の警吏ありて之れを制するにも関らず、甚しきに至りては腕力を以て入場をなさんとするに至る。盛なりと云ふべし。此日余か聞く処のをもなる演説は角田直平[二]（政治上の齢）、大岡育造[三]（人身の自由を論す）、尾崎行雄（武力平均論）、加藤政之助（政治上の変遷人民の覚悟）、肥塚龍[四]（改進党の小歴史）、島田三郎[五]（政治上の自然淘汰）、青木匡[六]（失念）等の人々にて、孰《いず》れも雄弁流るゝか如く数千の聴衆をして感動せしむるもの一にして足らざるなり。殊に島田、青木、肥塚の三氏は論旨正確にして弁論滑かなれは、論談中拍手喝采は尤も甚しかりき。之れを要するに四、五年前の如く人をして壮と呼ひ快と称する如き演舌はなけれとも、弁論工みにして人に感動を与へ、即ち言を換へて之れを云へは演説の進歩したること数等なりと云ふべきなり。唯憾《うら》むへきは、沼守一氏[七]の出席したるにも関らず、病気なり迚弁論をなさゞること之れなり。論談止み聴衆楼を

井生邨楼に行き立憲改進党の大演説会を聞く。この日は大雨が篠を突きぬかるみが靴を汚すにも関わらず、聴衆は前を争って会場に入り、門前には六、七名の警官が居ってこれを制しているにも関わらず、甚しいのに至っては腕力を以て入場をしようとするものまでいる。盛況と言うべきであろう。この日私が聞いた主な演説は角田直平（政治上の齢）、大岡育造（人身の自由を論ず）、尾崎行雄（武力平均論）、加藤政之助（政治上の変遷、人民の覚悟）、肥塚龍（改進党の小歴史）、島田三郎（政治上の自然淘汰）、青木匡（失念）等の人々であって、いずれも雄弁は流れるようで数千の聴衆を感動させるものは一つとして欠けるものがない。殊に島田、青木、肥塚の三氏は論旨が正確で弁論も滑らかであるので、演説中の拍手喝采は尤も甚だしかった。これは要するに四、五年前のように人を壮と呼び快と称するような演説はないけれども、弁論が巧みで人に感動を与え、即ち言葉を換えてこれを言うと演説の進歩したことは

退きしは黄昏にてありき。当日の委《くわ》しき景況は都下大新聞に必す掲載の筈なれは、御参照あらんことを乞。

京游日誌第十五号了

一　明治時代に東京浅草にあった大集会用の会場
二　代言人、民権活動家。不詳
三　1856～1928年。代言人を経て政治家。後に衆議院議長、文部大臣。長門（山口県）出身
四　1848～1920年。明治、大正の政治家、実業家。播磨（兵庫県）出身
五　1852～1923年。明治～大正の新聞人、政治家。旗本出身
六　民権活動家。不詳
七　沼間守一（1844～1890年）。明治のジャーナリスト、政治家。幕臣の子

京游日誌第十六号

在東京　藤畊一生

四月三日　曇天風冷かなり

山口新潟、高垣来る。十時頃より腕車を駆り上野鶯谷

数段上であると言えるであろう。ただ残念なのは、沼守一氏が出席したにも関わらず、病気ということで弁論をしなかったことがそれである。演説が終わり聴衆が楼を退いたのは黄昏であった。当日の詳しい様子は都下の大新聞に必ず掲載される筈なので、御参照されることを願う。

京游日誌第十五号終り

改進党の演説会の盛況を伝える。自由民権運動が大同団結運動などにより最後の盛り上がりを見せようとしていた時期である。

京游日誌第十六号

東京に在って　藤畊生

四月三日　曇天、風は冷かである。

山口（新潟人）、高垣が来る。十時頃から人力車を

伊香保温泉に到り、事業上の相談会を開く。大久保、武石、横山等皆来り列す。会終るや泉に浴し茗を喫す。無幾時針正午を報す。乃酒を命し相酌む。噫《ああ》貴紳稍もすれは大事を議するに能く浴場に趣く。余輩今日の会固より貴紳を学ふにあらざるも、偶然其趣を全ふす。奇と云ふべきなり。下午《かご》二点鐘浴場を去り上野公園を過く。偶桜花充分の春を迎へ、近きものは錦繍《きんしゅう》の如く遠きものは雲霞の如く、真に別乾坤の趣あり。盤節[二]の詩に朶々紅雲簇為堆[三]の句あり。実に余を欺かざるを知る。園中、工芸品共進会あり。一葉の切符を購ひ武石、大久保と順検す。曩日《のうじつ》[四]余武石と本場を通覧したるを以て既に概況を前号に報したれば、復茲に再現の要なきに似たれとも、本日目に触るゝ処のものにして尤も賞愛すへきものは、紫檀へ象牙及宝玉等をちりばめたるものなれは、其工妙誰か目を駭《おどろ》かさゞるものあらん。其価は乃ち七千金にして場中第一の高価品なりと云ふ。亦以て其美を証するに足れり。此日々曜のため縦覧人殊に多

走らせて上野鶯谷の伊香保温泉に行き、事業上の相談会を開く。大久保、武石、横山等が皆来て並んだ。会が終ったところで温泉に入りお茶を飲む。間もなく時計は正午を報せる。そこで酒を注文し酌み交わした。噫《ああ》貴顕紳士は稍もすれば大事を合議するに当り能く浴場に赴くという。我ら、今日の会は固より貴顕紳士を学ぶためのものではないけれども、偶然その趣を同じくしたのである。奇というべきであろう。午後二時に浴場を去り上野公園を通る。偶々桜花は満開の春を迎え、近くのものは美しい織物のようで遠くのものは雲霞のようで、真に別天地の趣がある。盤節の詩に朶々紅雲簇為堆という句がある。実に私と同感であることがわかる。公園の中で工芸品共進会があった。一枚の切符を買い武石、大久保と見てまわった。先日私は武石と本会場を一通り見たことから既に概況を前号に報じたので、復ここに再現する必要はないと思うが、本日目に触れるところのもので尤もすばらしいと思われるものは、紫檀

く、実に肩磨轂撃《けんまこくげき》五の有様あり。場を出て博物館及教育博物館六を通覧す。之れ亦前号に於て概報をなしたれば、更に記すべきの要なきに消《に》たり。三時頃一々通覧し了り公園を出つ。之れより一同鉄道馬車に乗り浅草に游ひ寺畔を徘徊し、松田支店七に於て晩餐を喫し寓に還る。

一　これも筆名の一つ。「畊」は「耕餘」からであろう。
二　不詳
三　枝々に桜が紅い雲のように咲きほこり小さな丘のようになっているという意か。「朶」は枝、「簇」はむらがる、「堆」は小さい丘という意
四　さきの日
五　人や車のゆききが激しいこと。
六　現在の国立科学博物館の前身
七　浅草の料理店と推定されるが不詳

四月四日　晴天北風冷かなり

へ象牙と宝玉等をちりばめたものであり、その巧みなことは誰か目を驚かさない者があろうか。その価は即ち七千金であって会場の中で第一の高価品であるという。亦このことを以てその美を証するに足るであろう。この日は日曜のため観覧する人は殊に多く、実に肩と肩がすれあう有様である。会場を出て博物館と教育博物館を一通り見る。これ亦前号に於いて概況を報じたので、更に記す必要はないと思われる。三時頃一通り見終わり公園を出る。それから一同は鉄道馬車に乗り浅草に遊び寺の畔を散策し、松田支店で夕食を済まして宿に帰った。

四月四日　晴天、北風が冷かである。

青森人と事業上の相談会を鶯渓温泉場に開くべき約あり。一同夙に起き根岸に到る。無機青森人杉山、長尾来る。団欒相語り下午二時頃退散す。帰途、余赤星を問ふ。在らす。小原を問ふ。病床に在り。暫く閑談をなし黄昏寓に還る。夜赤星を問ふ。復在らす。乃不忍蓮塘の畔を徘徊して帰る。

仝五日　快霽無風尽日《じんじつ》甚稀

早起穂庵翁を問ひ、一条家に献すべき揮毫を促す。翁恭しく一葉の画絹《えぎぬ》㆒を出して余に示す。牧童牛背に座し横笛を鳴すの図㆓なり。之れを問へば乃ち余に与ふるものなりと云ふ。乃ち辞して携へ帰る。赤星来る。与に銀座街を徘徊し物品の購求をなす。奔走黄昏に到る。

青森人と事業上の相談会を鶯渓温泉場で開く約束があった。一同は朝早く起き根岸に行く。間もなく青森人の杉山、長尾が来る。車座になって語り合い午後二時頃に退散する。帰途、私は赤星を訪ねる。居なかった。小原を訪ねる。病床に在った。暫く雑談をして黄昏宿に帰る。夜、赤星を訪ねる。また居らず。そこで不忍池の畔を散歩して帰る。

同五日　終日快晴で無風、非常に稀である。

早く起きて穂庵翁を訪ね、一条家に献上ずる揮毫を催促する。翁は恭しく一葉の絵絹を出して私に示す。牧童が牛の背に坐り横笛を鳴らしている図である。これを問えば、それは私に与えるものであるという。そこで辞して持って帰る。赤星が来る。一緒に銀座街を歩き回り物品を買い求める。奔走すること黄昏に到った。

一　日本画を描くときに用いる薄地の絹織物。絵絹

二　所謂「騎牛帰家図」であろう。

仝六日　同上

荒川新潟来る。赤星、龍田、高垣来る。偶小原より「病益《ますま》す激なり。入院せずんば治すべからず。来話を乞ふ云々」の来翰《らいかん》あり。乃ち赤星、高垣と小原の宅に赴く。余輩到るや小原已に樫郁清徳[一]の病院なる山龍堂に赴けり。乃ち就て病を問ふ。小原云「別に苦むべきものあるにあらざれとも、汗滴だり頭病甚たしくして安眠すること克はす、体熱卅八、九度を昇降するを以て、医之れを 腸遅布斯《ちょうちふす》の前兆ならんと云。若し夫れ腸遅布斯ならんには、大抵一百日を消せずんば全快すること克はず。余、院中にあれば医薬を投じ、看護婦病を看、毫も患《うれ》ふべきものなしと雖とも、新之助、貞蔵[二]の未た世計に慣れずして老

同六日　前日に同じ。

荒川（新潟人）が来る。赤星、龍田、高垣も来る。その時小原から「病が益々ひどい。入院しなければ治すことができない。来て話してほしい云々」の手紙があった。そこで赤星、高垣と小原の宅に赴く。我々が着いたとき小原は既に樫郁清徳の病院である山龍堂に赴いていた。そこでそこに行って病状を尋ねた。小原が言うには「別に苦しいほどのものではないけれども、汗が滴り頭の具合がひどく安眠することができない。体温が三十八、九度を昇り降りするので、医師はこれを腸チフスの前兆であろうという。若し正に腸チフスであるとすれば、大抵百日を経過しなければ全快することはできないだろう。自

婢を役するの力なきを患ふ。冀《こいねがわ》くは兄等《けいら》余に代りて世計の斡旋をなし、併せて来泊あらんことを望む」と。余於是此《ここにおいて》責任に当らんことを了諾し、直ちに寓に帰り、大久保、武石に乞ひ行李を整へて駿河台に移転す。蓋し腸遅布斯は伝染病の一なるを以て、此夜赤星を招き充分の消毒法を実施せしむ。十時頃山龍堂に到り病を看る。別に異変なし。荒川栄七〔三〕、院に来り病を看る。与に携へて駿河台の寓に到り、閑話をなす。

京游日誌第十六号尾張

一　1848〜1902年。明治の医師。米沢（山形県）出身
二　小原の弟たちか。
三　不詳

分は入院しているから医薬を投与され、看護婦に看護してもらうので、少しも心配なことはないが、新之助と貞蔵はまだ暮らし方がわからず老いた下女を使いこなす力がないのが心配だ。君達が私に代わって生活の世話をするとともに、泊まりに来てやってほしいと望む」と。私はそこでこの責任を果たすことを了承し、直ちに宿に帰り、大久保、武石に願い行李を整えて駿河台に移転した。思うに腸チフスは伝染病の一つであるので、この夜赤星を招いて充分な消毒法を実施してもらった。十時頃山龍堂に行き病人を看る。別に異変はない。荒川栄七が病院に来て病人を看る。共に連れ立って駿河台の宿に行き、雑談をする。

京游日誌第十六号終り

友人の頼みに応える行動は迅速この上ない。

京游日誌第十七号

東都駿河台客舎　藤子皦

四月七日　快霽無風冨峰媚を呈す

大久保、山形を経、県地に還らんとす。夙に起き腕車を駆り上野停車場に到り分袂《ぶんべい》す。大久保は青森人杉山龍江、山形人俣野時中と同行をなす。余も此行と与に京地を発するの心算《しんさん》にて百事準備をなしたれとも、小原の疾病に付暫く足を駿河台に止むることとなしたるが、帰心《きしん》甚た切にして、汽車の走るを目送《もくそう》す。帰途赤星と真鍋方に到り人夫を傭ひ荷造りをなす。蓋し来る十日を以て横浜より土崎港に直航便ありと云ふを以てなり。午後晴に乗し赤星、武石と濹堤に散歩を試む。濹堤は新和泉町を去る二十有余町。相約して云「腕車を仮らすして到らん」と。乃ち真鍋方を発し薬研堀より二州橋を渡り回向院門前より向両国を過き、隅田川に添ふて吾妻橋に出

京游日誌第十七号

東京駿河台の宿にて　藤子皦

四月七日　快晴無風、富士山が美しい姿を現す。

大久保が、山形を経て、県の地に帰ろうとする。早朝に起き人力車を走らせ上野停車場に行き見送る。大久保は青森人杉山龍江、山形人俣野時中と同行する。私もこの一行と一緒に東京の地を発つ心積もりで万事準備をしていたけれども、小原の病気に付き暫く足を駿河台に止めることとしたが、帰りたい気持はとても切なるものがあり、汽車が走るのを目を離さずに見送った。帰途、赤星と真鍋方に寄り人夫を雇い荷造りをした。というのは、来たる十日を以て横浜から土崎港に直航便があるということからである。午後、晴れたのをいいことに赤星、武石と濹堤に散歩を試みる。濹堤は新和泉町から二十有余町。互に約束して言うには「人力車を借り受けないで行

て枕橋を経て墨堤に到る。偶堤上桜花四分の春[二]を迎へ清妍《せいけん》[三]画《えが》くか如し。若し吟人をして之れを云はしめは、十里長堤紅霞横花下美人花戯花[四]とか評すべし。足に任せ三囲を過き綾瀬を顧み八州園[五]の辺りにいたる。於是二銭を投し游園切符を購ひ園に入りて憩ふ。園一大塘あり。塘中八箇の嶼《しま》を築き萎松[六]其上に蟠《わだかま》る。宛も奥の松嶋の一斑を学ぶに肖《に》たり。一名呼て小松嶋と云ふ。亦宜《むべ》なる哉。園中游人隊をなし、或は奔るものあり、或は座するものあり、吟するもの、歌ふもの、舞ふもの、弦を弾するもの、千態万状甚た雑沓を極む。園を出て帰途に就き、綾瀬を渡り松乳山[七]に登る。此日天晴[八]風なきを以て、堤上の游客織《おる》か如く、河流には画舫《がぼう》[九]を浮へて花を問ふもの、舳艪《ともろ》相含み[一〇]殊に大学生及ひ海軍水兵等短艇を浮へて水上を走り、水陸与に雑沓を極む。松乳山を降るや浅草に到り公園を徘徊す。園中植動両物館あり。券を買ひ一覧す。植物は大抵鉢物にして常盤木、花木等枚挙に遑《いとま》あらす。然れとも殊に愛

こう」と。そこで真鍋方を出発し薬研堀から二州橋を渡り回向院門前より向両国を通り、隅田川に添って吾妻橋に出て枕橋を経て墨堤に到った。偶々堤上では桜花が四分の春を迎え清らかで美しい様は絵に描いたようだ。若し詩人にこれを言わせたら、十里長堤紅霞横花下美人花戯花とか評するに違いない。足の向くまま三囲を過ぎ綾瀬を後ろに見て八州園の辺りに到る。ここで二銭を出して游園切符を買い求め園に入って憩う。園にはひとつの大きな池がある。池の中には八箇の島を築き小ぶりの松がその上に生えている。宛も陸奥の松嶋の一部を見るようだ。名付けて小松嶋という。亦もっともなことだ。園の中は見物する人々が隊をなし、或は走るものがあり、或は坐るものがあり、詩を詠むもの、歌うもの、舞ふもの、弦を弾くもの、種々様々であり、甚だ雑沓を極めている。園を出て帰途に就き、綾瀬を渡り松乳山に登る。この日は天気がよく風がないので、堤上の見物客は織物のようで、川の流れには色鮮やか

賞すべきものは松、海棠に過ぎざるなり。動物は飛禽、走獣の属許多ありと雖とも蘭印産の猛虎、濠州産の豹、支那産の孔雀に若《し》くものあらざるなり。検し了りて館を出て上野に到りて晩餐を喫し帰寓す。此行渾《すべ》て徒歩、皆為めに困倒せんと欲す。余困を忍び小原の病を問ひ、和泉町に到り横山を問ふ。偶武田忠臣来る。暫事業上の談話をなす。平福翁来り訪ふ。暫にして去る。十時頃車を命して駿河台に帰る。

一　両国橋の異称
二　桜の花が四分咲きの意か。
三　清らかで美しい様
四　十里の長い堤に紅い霞が横たわってるようで、花の下には美人がおり、花が花と戯れているようだというような意か。
五　小松島八州園。現在の白鬚橋の東岸、墨田区堤通一丁目付近にあった庭園
六　小さな松の意か。
七　「待乳山」に同じか。
八　訓みは「てんせい」で天気が晴れという意か。
九　美しく飾り立てた屋形船、遊覧船
一〇　船が多いのでその櫓が重なり合って見える情景か。

な遊覧船を浮べて花を訪ねるもの、船尾に近い櫓が互いに交わり、殊に大学生や海軍水兵等がボートを浮べて水上を走り、水陸共に雑沓を極めている。松乳山を降るなり浅草に到り公園を散策する。園の中には植物館と動物館の両館がある。券を買い一通り見る。植物は大抵鉢物であって常盤木、花木等枚挙に遑《いとま》がない。しかしながら殊に愛賞すべきものは松、海棠に優るものはない。動物は鳥類、獣類のなかまが多数おるけれども、蘭印産の猛虎、濠州産の豹、支那産の孔雀に優るものはない。見終わって館を出て上野に行って夕飯を済まし宿に帰る。この行はすべて徒歩であり、皆このために疲れて横になりたいと願った。私は疲れているのを我慢して小原の病を見舞い、和泉町に寄り横山を訪ねる。偶々そこへ武田忠臣が来る。暫し事業上の話をする。平福翁が訪ねて来る。暫くして去る。十時頃、車を呼び駿河台に帰る。

四月八日　宿雨[一]未《いまだ》霽《は》れす

早起真鍋方に到り武石を問ふ。八時半頃冨士見町五丁目に到り片岡侍従を問ふ。在らす。蓋し　聖上の御乗馬を拝見する約あるを以て也。之れより政学講義会[二]事務処及鴎夢吟社[三]を訪ひ、配送せる雑誌の決算をなす。之れより斯文学会に到り根本先生に面会し、縮臨論語[四]新刊の紹介状を乞ふ。将に辞し去らんとするに際し、脇差壱本、短刀壱本、川井忠雄[五]行なり迚て委託せらる。乃ち携へて寓に還る。降雨篠を突き外出すること克はす。机に依り不覚夢境に入る。高垣来り問ふ。与に小原の病を問ふ。無幾赤星来る。乃ち携へて寓に帰り団欒、晩餐を喫す。夜半皆帰り散す。

同志大久保が先に帰郷し、里心がついたようだ。午後の長距離の散策は、それを紛らすためか。

四月八日　前夜からの雨がまだ止まない。

早く起きて真鍋方に行き武石を訪ねる。八時半頃冨士見町五丁目に行き片岡侍従を訪ねる。居なかった。それは、聖上の御乗馬を拝見する約束があったからである。それから政学講義会の事務所と鴎夢吟社を訪問し、配送された雑誌の支払をする。それから斯文学会に行き根本先生に面会し、縮臨論語新刊の紹介状を頼む。将に辞去しようとするとき、脇差一本、短刀一本を川井忠雄に届けてくれと委託される。そこでそれを携えて宿に帰る。降雨が篠を突くようで外出することはできない。机にもたれかかり正体を失い夢の世界に入る。高垣が訪ねて来る。一緒に小原の病を見舞う。しばらくして赤星が来る。そこで

一　前夜からの雨
二　東京専門学校の講義録を発行した団体
三　森川鍵蔵らが設立した詩歌の結社
四　不詳。論語の註釈書の復刻本か。
五　当時の平鹿郡長であろう。二月五日の条参照

四月九日　晴風沙を捲く

早起日誌を稿す。午後より赤星を問ひ与に穂庵の寓を問ふ。翁欣《よろこび》迎へ茗を烹、数種の揮毫を示す。黄昏翁を辞し旧藩邸の庭園を徘徊す。偶紅葉芽を吐き清妍水に映す。奇観更らに一層を加ふ。徒歩館[一]を去り浅草を過き上埜[二]に出てゝ寓に還る。

京游日誌第十七号終

一　旧藩邸のことか。
二　「上野」に同じ。

誘って宿に帰りくつろぎ、夕飯を済ます。夜半に皆それぞれ帰る。

四月九日　晴、風が砂を巻き上げる。

早く起きて日誌を記す。午後から赤星を訪ね一緒に穂庵の宿を訪ねる。翁は喜んで迎え茶を煎れ、数種の揮毫を示す。黄昏、翁を辞し旧藩邸の庭園を散歩する。ちょうど紅葉が芽を吐き清らかな美を水に映している。奇観が更らに一層加わっている。徒歩で館を去り浅草を通り上野に出て宿に帰る。

京游日誌第十七号終り

京游日誌第十八号

東都駿台客舎　直純生

四月十日　晴天

片埜重久を問ふ。閑話数刻にして帰る。帰途山龍堂に到り小原の病を問ふ。午後真鍋方に到り横山を問ひ、事業上の相談をなす。新潟人寺崎至来る。五時頃真鍋方を去り寓に還る。高垣、赤星、大縄来る。皆夜に入り去る。

仝十一日　同

夙に起き北畠翁を訪ひ揮毫を託す。翁病臥に付面話を得す。之より真鍋方に到り武石に面会す。帰途石井忠景を訪ふ。暫くにして辞し去り、山龍堂に到り小原の病を問ふ。寓に帰るや赤星来る。与に洽集館《こうしゅうかん》

京游日誌第十八号

東京駿河台の宿にて　直純生

四月十日　晴天

片野重久を訪ねる。しばらく雑談して帰る。帰途、山龍堂に寄り小原の病を見舞う。午後真鍋方に行き横山を訪ね、事業について相談をする。新潟人の寺崎至が来る。五時頃真鍋方を去り宿に帰る。高垣、赤星、大縄が来る。皆夜に入り帰る。

同十一日　前日に同じ。

早く起き北畠翁を訪問し揮毫を頼む。翁は病臥しているということで面談できなかった。それから真鍋方に行き武石に面会する。帰途石井忠景を訪問する。暫くして辞去し、山龍堂に行き小原の病を見舞う。

[一九]に散歩をなす。

一　歓工場のひとつ

同十二日　雨

赤星来り問ふ。閑話数刻午餐を喫せしむ。下午雨を侵して小原の病を看る。病大に快く殆と昨日の人にあらす。之れを医に問へは「甚た軽症なる腸遅布斯故案するに及はす」と云ふ。余於是心大に安し、明旦を以て帰途に就んと欲す。蓋し余か滞京は始め三旬と期せしも、今や已に六十有余日に及ひ、且つ鉄道事業上速かに帰県を要すへき件出来《しゅったい》したるを以てなり。之れより真鍋方に到り武石、横山等と将来の計画上に付相談をなし、朝野新聞犬養、絵入朝野の西河[一]、経済雑誌の田口[二]、番町の北畠、飯田町の最上等を叩き別を告く。黄昏より江東青柳亭に到り

宿に帰ったところに赤星が来る。一緒に洽集館《こうしゅうかん》に散歩する。

同十二日　雨

赤星が訪ねて来る。雑談をしばらくして昼食を御馳走する。午後、雨を衝いて小原の病を見舞う。病は大いに快復し殆ど昨日とは別人である。このことを医者に問うと「甚だ軽症の腸チフスなので案ずるに及ばない」と言う。私はそこで大いに安心し、明朝を以て帰途に就こうと思った。というのは、私の東京滞在は始め三十日間と限っていたが、もはや既に六十日余りに及び、且つ鉄道事業上速かに帰県を要する件が起ったためである。それから真鍋方に行き武石、横山等と将来の計画について相談をし、朝野新聞の犬養、絵入朝野の西河、経済雑誌の田口、番

谷田部梅吉氏の送別会に臨む。谷田部氏は高等中学校幹事より山口県高等中学校校長心得を命せられ将に赴任近きにあるを以て、県人の都下にあるもの氏を聘《へい》し此燕《えん》[三]を開かれたるものにして、来会するもの佐竹義理氏[四]を始めとし青柳忠一[五]、狩野良知、吉田六造[六]、川崎胖等の諸氏無慮二十有三人に及へり。此の宴は斡旋者の注意により和洋折衷の割烹になしたれは、一《ひ》入《しお》奇と称すへし。宴酣《たけなわ》なるに及ひ、余武石、下山田、高垣等より召されて某旗亭に到り相酌む。亦余か帰県を送くるの粗宴なり。

一　西河通徹（二月十五日の条の注一参照）
二　『東京経済雑誌』を発行していた田口卯吉（三月十二日の条の注五参照）か。
三　さかもり。宴に同じ。
四　1858~1914年。岩崎藩主
五　1840~1887年。秋田藩士。陸軍中尉
六　吉田六蔵（市ヶ谷典獄、三月十七日の条参照）か。

町の北畠、飯田町の最上等を訪ね別れを告げる。黄昏より江東の青柳亭に行き谷田部梅吉氏の送別会に臨む。谷田部氏は高等中学校幹事より山口県高等中学校校長心得を命じられ将に赴任が近いことから、県人の都下にあるものが氏を招きこの宴を開かれたものであって、来会したものは佐竹義理氏を始めとして青柳忠一、狩野良知、吉田六造、川崎胖等の諸氏およそ二十三人に及んだ。この宴は主催者の配慮により和洋折衷の料理にしたので、ひときわ珍しいと言わなければなるまい。宴がたけなわになるに従い、私は武石、下山田、高垣等から誘われて某料亭に行き共に酒を酌み交わした。これはまた私の帰県を送る心ばかりの宴であった。

帰郷の条件が整ったようだ。

四月十三日　快霽

早起上遠野、籠谷、片野、本間、真鍋等を問ひ告別をなす。小原を訪ひ病を看る。復《また》稍《やや》快《こころ》よし。余益々意を安ず。十一時半行李を整へ、江畑、小原に辞し、赤星の宅を叩き行を促す。赤星は秋田に到り医術開業の志望あるを以て、与《とも》に倶《とも》に行んことを乞ふが故なり。乃ち赤星と匆々《そうそう》に午餐を喫し上野停車場に赴く。武石、若生、荒川、本間送りて停車場に到る。十二時廿分一声の汽笛と与に汽車北に向て奔る。上野の桜、飛鳥[一]の花片々枝を辞し、宛も余か行を送るに似たり。殊に車窓より東南を顧れは、浅草の仏塔、鶯渓の浴場、某の層閣、某の高楼渾て煙雲摸糊の間にあり。不覚《おぼえず》恋々の情を惹起す。無幾汽車許多の乗合場を過き、四顧《しこ》青々たる麦園を望むのみ。嗚呼京城の熱閙《ねっとう》[二]夢か幻か、茫然として為す処を知らす。暫にして汽車栗橋[三]を渡、奈須原頭を過き、黄昏黒磯停車場に到る。乃ち汽車を下り手塚屋支店に

四月十三日　快晴

早く起き上遠野、籠谷、片野、本間、真鍋等を訪ね別れを告げる。小原を訪問し病を見舞う。また少しよいようだ。私は益々心を安らかにした。十一時半荷物を整え、江畑、小原に別れを告げ、赤星の宅に押し掛け出発を促す。赤星は秋田に行き医術開業の志望があることから、もろともに行くことを願うからである。そこで赤星とあわただしく昼飯を摂り上野停車場に赴く。武石、若生、荒川、本間が見送りに停車場に来た。十二時二十分、一声の汽笛と共に汽車は北に向かって走る。上野の桜も飛鳥の桜もひらひらと枝を離れ、まるで私の旅立ちを送るかのようだ。殊に車窓より東南を顧みれば、浅草の仏塔、鶯谷の浴場、某層閣や某高楼はすべてぼんやりとたなびくもやの間にある。覚えず立ち去り難い感情が湧いてくる。いかほどもなく汽車は多くの停車場を過ぎ、辺りは青々とした麦畑を望むのみとなる。嗚

晩餐を喫し、腕車を買ふて白河に赴く。途、風冷にして肌粟を生し、復京城の温暖を回想して止まざらしむ。宜《むべ》なる哉、路頭梅花さへ未た綻ぶものを見ず。僅々七十里の間にして気節の相距る、真に駭《おどろ》くに耐へたり。夜十一時過き漸く白河に達し、旅店柳屋に投宿す。

京游日誌第十八号終

一　飛鳥山公園のことか。
二　人が混みあって騒がしいこと。
三　利根川橋梁のことか。

呼、都の雑踏は夢か幻であったのか、茫然として何をしたらよいのかわからない。暫くして汽車は栗橋を渡り、那須野が原のほとりを過ぎ、黄昏黒磯停車場に到着した。そこで汽車を下り手塚屋支店で夕食を済ませ、人力車を雇って白河に向かう。途中、風が冷たく肌に粟を生じ、また都の温かさが思い出されて止まない。もっともなことに、路頭の梅の花さえ未だ綻ぶものが見えない。わずか七十里の間であっても季節が互に隔たること、本当に驚くに値する。夜十一時過ぎ、漸く白河に達し、旅館柳屋に投宿する。

京游日誌第十八号終り

春爛漫の東京から一転して肌寒い陸奥へ。

京游日誌第十九号

七州首府青城[一]客窓子皦生

四月十四日　快霽淡靄《たんあい》摸糊の間四山《しざん》媚を呈す

夙に起き福島行の乗合馬車に駕し白河を発す。本宮に到り午餐を喫し、下午四時頃福島手塚屋に達す。赤星は桑折より郷里に立寄るため、直ちに腕車を命し桑折に趣く。余独手塚屋に止り、明旦仙台行の馬車に乗らんと欲す。旅窓の独座甚無聊に耐へす、独市街を徘徊して県庁、師範学校、病院、警察等を見る。

一　仙台のこと。七州は東北地方の意

同十五日　仝上

京游日誌第十九号

七州の首府青城の宿にて　子皦生

四月十四日　快晴、うすもやでぼんやりとした中、四方の山々が美しさを見せる。

早く起き福島行の乗合馬車に乗り白河を出発する。本宮に到り昼食を摂り、午後四時頃福島の手塚屋に到着する。赤星は桑折より郷里に立ち寄るため、直ちに人力車を呼び桑折に向かう。私は独り手塚屋に止まり、明朝、仙台行の馬車に乗ろうと思う。旅の宿で独り居るのは甚だ手持無沙汰に耐えられず、独り街の中を歩き回って県庁、師範学校、病院、警察等を見た。

同十五日　前日に同じ。

早起馬車を駆り福島を発し、大河原に於て午餐を喫し、下午三時過仙台に達し旅肆安藤方に投す。福島、仙台間は道路甚平《たいら》にして毫も凸凹なく、二拾二里の間僅々八時間を以て達すへし。途、桑折駅を過き左に小坂の峻嶺を望み、白雪の皓々《こうこう》として一銀界の如きを見、車上往事[一]を追想し覚へす身粟《あわ》を生す。仙台に達するや、旅装を脱し松の屋の温泉に浴し、国分町大町東壱番町等を徘徊す。別に旧観に異なるものならざるも、知己の市塵[二]此処彼処に転々し、主人吾を知るもの全くあらざるは、以て七年[三]の長星霜を経過したるを証すへし。黄昏鈴木昌良[四]を問ふ。当分在営を命せられたり迚てあらず。唯老人[五]の钁鑠《かくしゃく》として余を迎へ、往事を話して夜の酣《たけなわ》なるを知らざるは、実に故郷の想あり。十二時過鈴木を辞し寓処に帰る。

一　往路の小坂峠で難儀したことを指すか。二月十一日の条参照

早く起き馬車を走らせて福島を出発し、大河原で昼食を摂り、午後三時過ぎに仙台に到着し旅館安藤方に投宿した。福島、仙台間は道路が甚だ平坦であって少しも凸凹がなく、二十二里の間を僅か八時間で到達することができた。途中、桑折駅を過ぎ左に小坂の険しい山を望み、白雪が白々と輝いて一つの銀世界のようなものを見、車上で往事を回想し覚えず身に粟《あわ》を生じた。仙台に到着するなり、旅装を解き松の屋の温泉に入り、国分町、大町、東一番町等を歩き回った。別に昔の様子と違ったものはないが、かつて知った賑わいがあっちこっちに移ってしまい、店の主人には私を知るものが全くいないということは、それによって七年という長い歳月が経ったことを証明している。黄昏、鈴木昌良を訪ねる。当分兵営内に居るよう命じられたとのことで居なかった。唯、老人が钁鑠《かくしゃく》として私を迎え、昔のことを話して夜が更けるのを忘れたのは、実に故郷に帰ったような想いであった。十二時過ぎ、鈴木を辞し宿に帰る。

二　市中の雑踏、にぎわい
三　直純は明治十年から十三年まで仙台に遊学している。
四　不詳。仙台時代の学友か。当時は軍人と思われる。
五　鈴木の父親であろう。

四月十六日　曇時々急雨《きゅうう》来り午後暴風瓦礫を飛す

早起国分先生[一]を問ふ。先生喜て余を座に惹き茗を烹て旧を語る。閑談凡そ二時間斗にして辞し去り、支倉[二]より公園に出て大橋を渡り鎮台[三]の畔を徘徊す。偶騎兵馬術を演し陶練[四]人をして感せしむ。還りて片平町に出て控訴院[五]の門前を過き、袋町より大町に出て躑躅岡《つつじがおか》[六]に到り桜花を問ふ。岡桜未《いまだ》春を迎へす。頑然《がんぜん》吟客に背く。余岡頭《こうとう》を徘徊し、「余不背花々背余」[七]の一語を止め、去て寓に還る。岡の南隅一大碑あり。就て之れを視れは朝鮮戦功[八]の碑にして、佐久間少将の撰文に大沼大佐の書へ曽我中将の篆額《てんがく》なり。諺に云「花は桜人は武士」と。今此

仙台は直純の若き日の遊学の地であり、まさに第二の「故郷」かも。

四月十六日　曇り、時々にわか雨が来る。午後、暴風が瓦礫を飛ばす。

早く起き国分先生を訪ねる。先生は喜んで私に座を勧め茶を煎れて昔を語った。ゆったりと話し込み凡そ二時間ばかりで辞去し、支倉より公園に出て大橋を渡り鎮台の畔を歩き回る。偶々騎兵が馬術の教練をしており、その技に感心させられた。帰って片平町に出て控訴院の門前を通り、袋町より大町に出て躑躅岡《つつじがおか》に向かい桜花を訪ねる。岡の桜はまだ咲いていない。頑なに詩人に背を向けている。私は岡のふもとを歩き回り、「余不背花々背余」の一語を残し、去って宿に帰る。岡の南隅に一つの大きな碑があった。近寄ってこれを見ると朝鮮戦功の碑であって、

戦功の碑を有名なる躑躅岡桜樹の間に建立し、以て武を千載に伝ふるは抑々《よくよく》妙と云ふべきなり。午後今村虎尾氏[9]を訪ふ。あらす。北堂[10]に面話して還る。帰路鈴木翁を訪ひ閑談、黄昏に到りて辞し去る。今村氏に赴くの途、勾当台通に於て遠藤信行[11]に邂逅す。明旦来寓を約して分る。

一　国分松嶼（１８０４~１８９９年）。江戸後期~明治の漢学者。明治十年から三年ほど、仙台において直純の漢学の師であった。
二　現在の青葉区支倉町であろう。
三　日本陸軍の師団の前身。明治二十一年まで仙台鎮台があった。
四　「陶」は「薫陶」のそれと同義で、教化するという意か。
五　第二審の裁判所
六　現在の榴ヶ岡公園
七　私は花に背かないが、花は私に背くという意か。
八　壬午事変（１８８２年）又は甲申事変（１８８４年）に際しての軍功か。
九　直純の知人か。後に裁判官。今村均陸軍大将の父
一〇　母の敬語。母堂
一一　不詳。仙台での学友か。

佐久間少将の撰文に大沼大佐の書で曽我中将の篆額《てんがく》である。諺に曰く「花は桜人は武士」と。今この戦功の碑を有名な躑躅岡の桜の樹の間に建立し、以て武を千載に伝えることは非常にすばらしいと言わなければならない。午後、今村虎尾氏を訪問する。居なかった。母堂に面会して帰る。帰路、鈴木翁を訪問し四方山話をし、黄昏になって辞去する。今村氏に赴く途中、勾当台通に於いて遠藤信行に出会う。明朝宿に来るよう約束して別れる。

同十七日　快晴

朝国分先生来り、余に贈るに林子平[一]の碑文を以てす。暫くにして先生帰り去る。遠藤信行来り訪ふ。十一時頃より鈴木老人を訪ふ。翁喜ひ迎へて午餐を饗す。二時頃より鈴木昌良氏を問ふ。氏亦酒を温め余に饗す。閑談数刻黄昏に及て辞し去り、今邨氏を問ふ。在らす。将に去らんとするに臨み、車声轟々として氏帰り来る。乃ち一謁して旧を談し新を語る。暫にして酒を温め晩餐を饗す。氏曰「余今回の判事登用試検に於て既に及第したり。任処岩手、秋田の始審庁[二]にあらずんば山形、福島ならん。想ふに秋田は余か志望する処なれは、或は秋田に命を蒙むるも計るべからす」と。余於是秋田の人情、景勢を語り、頻りに来秋を促す。十一時頃氏を辞し寓に還る。偶赤星郷里より来り、余か帰寓を竢つ。乃ち相謁して旅中の談をなす。此夜東壱番町東座に於て村松、岩崎等当地代言人五、六名の政談演舌会ありたれと

同十七日　快晴

朝国分先生が来て、私に贈ってくれたのは林子平の碑文であった。暫くして先生は帰って行った。遠藤信行が訪ねて来る。十一時頃より鈴木老人を訪問する。翁は喜んで迎え昼食を御馳走した。二時頃より鈴木昌良氏を訪ねる。氏は亦酒を温め私に勧める。しばらくゆったり話し黄昏になって辞去し、今村氏を訪ねる。居なかった。将に去ろうとしたとき、車の音が轟きわたり氏が帰って来た。そこで顔を会わせ昔を論じ今を語った。暫くして酒を温め夕食を御馳走した。氏が言うには「自分は今回の判事登用試検に於いて既に合格している。任地は岩手、秋田の始審庁でなければ山形、福島であろう、思うに秋田は自分が志望する所であるので、或は秋田に命じられるかもしれない」と。私はそこで秋田の人情、形勢を語り、頻りに来秋を促した。十一時頃、氏を辞し宿に帰る。偶々赤星が彼の郷里から来ていて、私

も、今村氏と談話の間長時間を消し、傍聴し克はざるは、遺感《ママ》に耐へざりき。

京游日誌第十九号終

一　1738～1793年。江戸中期の経世家。『海国兵談』の著者

二　始審裁判所（現在の地方裁判所の前身）のことか。

京游日誌第廿号

欵冬《かんとう》州金城山下[一]　子皦生

四月十八日　陰雨来る十時頃晴

十九日　快霽

早起郵便馬車店[二]に到り切符を購ひ、之れより今邨氏[三]を問ひ告別をなす。鈴木翁を訪ひ亦別を告く。国分先生に到るや既に出勤せられたる後にて、親く

が宿に帰るのを待っていた。そこで互に顔を会わせ旅の間の話しをした。この夜、東一番町の東座に於いて村松、岩崎等当地の代言人五、六名の政談演説会があったけれども、今村氏との語らいが長時間に及び、傍聴することができなかったのは、遺憾に耐えないことであった。

京游日誌第十九号終り

京游日誌第二十号

出羽国金沢城の麓にて　子皦生

四月十八日　雨がしとしと降っていたが十時頃晴れる。

十九日　快晴

早く起き郵便馬車店に行き切符を買い、それから今村氏を訪ね別れを告げる。鈴木翁を訪問し亦別れを告げる。国分先生に着いたところ既に出勤された後

告別をなすこと能はす。遺憾極りなし。昨朝先生余か寓を訪ひ、近作なりとて一絶を示さる。其詩に云く

雲物熙々日出新老来仍旧祝佳辰問年有客笑相答百歳纔餘二八春[四]

午後四時頃磐井[五]に赴くへき馬車来る。将に駕せんとするや今邨氏寓に来、余輩を送る。乃ち別を告け鞭を加へて北に向ふ。顧みれは青城[六]別を惜み、和峯[岩手県和賀岳]予を迎へ、為めに馬車遅きを覚ふ。七北田、冨谷[七]等を経、吉岡[八]に入らんとするや、腕車に駕して行くものあり。顧みれは旧友宍戸龍次郎に似たり。余乃ち「宍戸君にあらずや」と問へは、「然り、君は伊藤君ならん」と云ふ。於是暫く車を停め余輩が乗る処の車上に移らしめ、与《とも》に倶《とも》に恙《つつが》なきを祝す。吉岡に到るや馬車を降り、暫く宍戸の寓に入りて休憩す。宍戸頻りに余輩の行を停め一泊をなさしめんとす。然れとも余輩急行なれば、不得止《やむをえず》辞し去る。駅を出つるや日全く没し、只見る四山《しざん》の野火爛々燈

で、親しく別れを告げることができなかった。遺憾なこと極りない。昨日の朝、先生は私の宿を訪れ、近作であるということで一つの絶句を示された。その詩に言う

雲物熙々日出新老来仍旧祝佳辰問年有客笑相答百歳纔餘二八春

午後四時頃磐井に向かう馬車が来る。将に乗ろうとしたときに今村氏が宿に来て、我々を送る。そこで別れを告げ鞭を加えて北に向かう。振り返ると青葉城も別れを惜しみ、和峯（岩手県和賀岳）は私を迎え、そのため馬車が遅いような気がする。七北田、冨谷等を経、吉岡に入ろうとすると、人力車に乗って行くものがある。振り返ると旧友の宍戸龍次郎に似ている。私がそこで「宍戸君でないか」と問えば、「そうだ、君は伊藤君であろう」と言う。そこで暫く車を停め我々が乗っている車の上に移らせて、もろともに恙《つつが》ないことを祝った。吉岡に着くと馬車を降り、暫く宍戸の家に入って休憩した。宍戸は頻り

を点するか如く、偏に行人をして旅愁を慰《い》せしむるに似たり。途、車を降り一小茶亭に入り休憩して晩餐を喫す。古川駅[九]に到るや時針十時を報す。古川を出て荒谷駅[一〇]を過き小野邨字羽黒阪[一一]に差掛るや、馬車進行を停む。時に余赤星と皆毛布を蒙り車上に仮睡す。目を開けは車の震動全く止み、寂として人なきか如し。於是大に訝《いぶか》り毛布を脱し四顧すれは、四望暗黒にして咫尺《しせき》[一二]を弁すべからず。一台の車、一頭の馬、唯阪頭に止まるのみにして、御者、馬丁とも更に影をも止めず。乃ち車上を閲《けみ》するに、余が革袋壱個、日本刀を挾みたる侭《まま》在らざれば、御者、馬丁等の処為《しょい》に疑なきを知り、其痕跡を探らんと欲し馬車を降り四顧すれとも、更らに人影を見ること克はす。於是静かに阪頭を徘徊すれは、一両の茅屋《かやや》、竹林の傍らにあるを認む。於是大に力らを得、窃《ひそ》かに戸を叩《たたき》て助けを乞《こう》。一婦あり、乳児を懐ろにして起き来り、燈を点して戸を開く。余輩入りて故を告け、且つ近隣の人家を呼起さんことを誘ふ。婦

に我々の行を停め一泊させようとした。しかしながら我々は急ぐ旅なので、止むを得ず断わって去った。駅を出たときには日は完全に沈み、ただ四方の山々の野焼きの火が赤々と灯りを点々と列ねるようで、ひとえに旅人の旅愁を慰めてくれるように見える。途中、車を降りある小さな茶店に入り休憩して晩飯を摂る。古川駅に着いたとき時計は十時を報せた。古川を出て荒谷駅を過ぎ小野村字羽黒阪に差し掛ると、馬車は進行を停めた。ちょうどその時、私は赤星と一緒に毛布をかぶり車上で仮眠していた。目を覚ますと車の震動が全く止まり、しんとして人気がないみたいだ。そこで大いに不審に思って毛布をはいであたりを見まわせば、四方とも真っ暗闇で近くのものも見分けをつけることができない。一台の車と一頭の馬がただ坂の上に止まっているだけで、御者も馬丁も影すら見えない。それで、車上を点検してみると、私の革袋が一個、日本刀を挟んだままのものが無くなっているので、これは御者、馬丁等の

大《おおい》に駭《おどろ》き、余輩に授くるに各壱個の鳶口《とびぐち》を以てす。而して柴を焼き、近隣を呼起す。其周旋至らざるなし。無幾一丁一翁来る。余乃ち一翁と止り、一丁をして赤星に従はしめ、戸長の宅に趣き難を訴へしむ。時に十一時過きにてありしが、凡そ弐分斗《ばかり》にして、赤星、戸長と与に現場に帰り来る。途、御者、馬丁等に邂逅したりとて彼等をも伴ひ来る。於是余輩、戸長と彼等を訊問したるに、彼云《いわく》「革袋を遺失したる為め取尋[一三]に出て殆と古川近傍にまて赴きたり」、而て馬丁は「御者の遅きか為めに迎に参りたるなり」と、「決して窃取等をなしたる訳に非す」と。戸長云「然らは何の為に之れを両君に告けずして、其睡眠を幸にして馬車を出てたるか」。彼等云「両客にして若し之れを知らは其怒り如何ならんと察し、先つ窃かに馬車を出てゝ取尋をなしたるあり」と。其言語、動作甚た怪訝に耐へざるものあれは、猶、戸長より詳密の取調を乞ふへき角[一四]もあれとも、郵便物を長く停滞せしむるを恐れ、一と先つ高清水駅

仕業に違いないと知り、その痕跡を探したいと思って馬車を降りあたりを見まわしても、ほかに人影を見ることはできない。そこで落ち着いて坂の上を歩き回れば、一、二の茅葺の家が竹林の横にあるのが見えた。それゆえ大いに元気が出て、こっそりと戸を叩いて助けを求めた。一人の婦人が居って、乳児を抱きながら起きて来て、灯りを点して戸を開けた。我々は家に入って訳を話し、且つ近隣の人家を呼び起こすよう促した。婦人は大いに驚き、我々に一個ずつとび口をくれた。そして柴を焚いて隣近所を呼び起こした。その立ち居振る舞いは非の打ちどころがない。まもなく壮年の男一人と老人一人がやって来た。私は老人と止まり、壮年の男を赤星に従わせて、戸長の家に行かせて災難に遭ったことを訴えさせた。その時は十一時を過ぎていたが、凡そ二分位で、赤星は戸長と一緒に現場に戻って来た。途中、御者、馬丁らに出会ったということで彼等をも連れて来た。そこで我々は戸長とともに彼等を訊問した

[一五]に到り郵便物をば同処郵便局に引渡さしめ、御者、馬丁をば警察の取調を乞ふこととなし、之より壱里半の処、夜を侵して馬を駆らしめ、余、赤星、御者、馬丁と高清水に赴く。其危嶮云ふべからざるなり。此小野邨戸長は平渡貫三郎と云へる人にて、御者は大曽根新七、馬丁は高橋幸三郎と云へる奴共なり。高清水に到るや馬を警察署の傍に停めしめ、余赤星と同署詰《づめ》巡査丹野某に訴ふ。無幾署長桜田氏出来り一応の取調をなし、御者、馬丁をば留置して、余に丹野巡査と再ひ現場に趣き荷物の探索をなさしむ。偶夜風冷かにして肌を刺し、手足殆と亀ならんとす。乃ち現場に就き竹林、柴叢[一六]の間を細探したれとも、夜暗くして咫尺《しせき》を弁すること克はす。去りて平渡戸長の寓を叩き、且つ近傍の人家に就き探偵をなす。然れとも、未た毫も手掛りとなすに足るものなし。於是戸長に乞ひ、荒谷[一七]の火防[一八]三十有余名を籍《か》り、現場近傍の山林或は人家等細かに探索をなす。如斯《かくのごとく》にして騒き居る処へ、一壮丁駆来り、

ところ、御者が言うには「革袋を失くしたため探しに出て殆ど古川近くまで行った」、そして馬丁は「御者が遅いので迎えに行った」と、「決して盗みなどをした訳ではない」と。戸長が言うには「ではどうしてそれを両君に告げないで、その睡眠をいいことに馬車を出ていったのか」と。彼等が言うには「二人の客がもしこのことを知ったなら、その怒りはどれほどかと思い、まずこっそり馬車を出て探しに行ったのだ」と。その言葉も挙動も甚だ怪訝に耐えられないものであるので、なお戸長より詳しい取調を行うよう願うべき理由もあったけれども、郵便物を長く滞らせるのを恐れ、一先ず高清水駅に到り郵便物はそこの郵便局に引き渡させて、御者と馬丁については警察の取調をお願いすることとし、ここから一里半の距離を、夜を徹して馬を走らせ、私と赤星は、御者、馬丁と一緒に高清水に向った。その危険なことは言うまでもない。この小野村の戸長は平渡貫三郎という人で、御者は大曽根新七、馬丁は高橋

「唯今拾取人あり、役場に届出てたり」と告くるものあり。余乃ち丹野巡査と役場に到り、平渡戸長に面会して荷物を検するに、別に異状もあらざるに似たれは、其侭巡査をして之れを受取らしめ、篤く戸長に謝し、火防夫等に金圓を与へて高清水分署に帰る。此拾取人は遠田郡狐塚村本田常治なる者なれは、与に分署に到らしめ、桜田分署長、馬丁高橋幸三郎立会にて物品を展検す。革袋の中、拾取人に於て細かに改めたるものと見得、甚た取紛れたれとも、別に紛失したるものもあらざれは、手続書及受領証等を造り、即ち分署より引取り、旅肆高橋某方に到り午餐を喫す。之れを要するに、御者、馬丁等共謀して余輩の睡眠を窺ひ一時荷物を窃取したるも、余り近傍を騒かされたるを以て窃かに之れを路に捨てゝ遺失の体になしたるを、宛も好し本田なるもの通り過き拾ひ去りて素知らぬ顔をなし居たる処、荷物を窃取せられたる評判一時に喧しく殊に家探し等まてもなすべき有様故、余儀なく之れを役場へ届出たる

幸三郎という奴らである。高清水に到着するとすぐに馬を警察署の脇に停まらせて、私は赤星と同署に勤めている巡査の丹野某に訴えた。まもなく署長の桜田氏がやって来て一通り取調をして、御者と馬丁は留置して、私に丹野巡査と再び現場に出向いて荷物の探索をさせた。ちょうど夜風が冷かであって肌を刺し、手足はちぢかんで殆ど亀のようだ。そうこうするうち現場に着き竹林や雑木林の間を細部まで探したが、夜の闇が暗くて近くのものも見分けることができない。そこを去って平渡戸長の家を叩き、且つ、近所の家々を探し歩いた。しかしながら、まだ少しも手掛りとなるようなものはなかった。そこで戸長にお願いし、荒谷の火消し三十人余りを借り、現場付近の山林や人家等をきめ細かく探索した。このように騒いでいるところへ、一人の男子が駆けて来て、「たった今拾得者があって、役場に届け出た」と告げた。私はそこで丹野巡査と役場に行き、平渡戸長に面会して荷物を確かめたところ、別に異状も

ものなり。然れとも未た充分の証拠となすに足るへきもの発見せざれば、余輩より桜田署長に御者及馬丁の赦免を乞ひ、本田へは応分の報酬をなしたるなり。此の日、前宵《ぜんしょう》よりの疲弊にて殆と倒れんとするの有様なれとも、かゝる不潔の地には長く止まるべき者にあらざるを感し、二人挽きの腕車を傭ひ高清水より一ノ関に趣く。築館、金成[一九]を過き、黄昏一ノ関に達し旅肆亀屋に投す。亀屋は有名の旅店にて、客室、被巾《ひきん》[二〇]とも甚注意を加ふるものゝ如し。余輩は三層楼上に座を占め、一浴して晩餐を喫し、赤星携る処の月琴を弾して迷情《めいじょう》を相慰《あいい》す。夜、馬車店に到り不注意を咎め、御者、馬丁等を放逐せしめ、高清水より一ノ関までの馬車賃を弁償せしむ。亦快と云ふべきなり。帰途、酒楼泉州楼に相酌み、労を慰す。

一　「欵冬」は蕗の別名ゆえ、秋田蕗の採れる出羽の国金沢城の麓においてという意か。

ないようであったので、そのまま巡査にこれを受け取らせて、丁寧に戸長に御礼を述べ、火消し等に金銭を与えて高清水分署に帰った。この拾得者は遠田郡狐塚村本田常治という者であったので、分署に同行させて、桜田分署長と馬丁の高橋幸三郎立会の下に物品をひろげて確かめた。革袋の中は、拾得者が細かに改めたものと見え、甚だ混ざり合っていたけれども、別に紛失したものもなかったので、手続書と受領証等を作成して分署より引き取り、旅館の高橋某方に行って昼食を摂った。これは要するに、御者、馬丁等が共謀して我々が眠っているのを見て一時荷物を盗んだが、あまり近所が騒ぎになったことによって、こっそりこれを路に捨てて落し物のように見せかけたのを、ちょうど都合のよいことに本田なるものがそこを通りかかり、拾って行って素知らぬ顔をしていたところ、荷物を盗まれたという評判がいちどきに喧しくなって殊に家探し等までも行われる有様なので、仕方なくこれを役場へ届け出たも

二　明治の終わりころまでは郵便物の輸送は郵便馬車が活躍しており、郵便馬車は旅客も載せていた。
三　今村虎尾に同じであろう。四月十六日の条参照
四　「雲物《うんぶつ》」は太陽の周りの雲気の色、「熙々《きき》」はここではやすらぎのあるやわらかなさま、「老来」はここでは年取ってからこの方、「仍旧《じょうきゅう》」は依然として、相変わらず、「佳辰《かしん》」はよい日、めでたい日、「二八春」は2×8＝16の春又は新年ということで十六年の意であろう。詩全体の意味は次のようなものか。国分松嶼は明治二〇年でちょうど数えで八四歳である。
　雲をやわらかく染めて新たに日が昇る。年を取ってからも変わらずよき日（元日）を祝ってきた。客（旅人）から年齢を聞かれたら笑って答えよう、百歳までわずかに十六年を残すのみと。
五　岩手県南西部の地方。現在の一関市あたり
六　仙台の青葉城のこと。
七　七北田は現在の仙台市泉区七北田地区、冨谷は現在の宮城県富谷市
八　現在の宮城県黒川郡大和町吉岡地区
九　古川は現在の宮城県大崎市の中心部
一〇　荒谷は現在の大崎市古川荒谷地区
一一　小野村は現在の大崎市古川小野地区
一二　距離の近いこと。
一三　「尋取《たずねとる》」に同じか。捜し出して手に入れること。
一四　「廉」に同じ。
一五　現在の宮城県栗原市高清水地区の駅

のである。しかしながら、まだ十分に証拠とすることができるものが発見されないので、我々から桜田署長に御者及び馬丁の赦免を願い、本田へは応分の報酬を払ったのである。この日と昨夜からの疲弊により殆ど倒れんばかりの有様であったが、このような不潔な土地には長く止まるべきものではあるものではないと感じ、二人で挽く人力車を雇い高清水より一ノ関に向った。築館、金成を過ぎ、黄昏一ノ関に着いて旅館の亀屋に投宿した。亀屋は有名な旅館で、客室、寝具とも甚だ気を配っているもののようだ。我々は三階に部屋をとり、一風呂浴びて夕食を摂り、赤星が持参した月琴を弾いて迷える心を互に慰めた。夜、馬車屋に行って、不注意を咎め、御者、馬丁等を追い払わせ、高清水より一ノ関までの馬車賃を弁償させた。胸がスカッとしたことである。帰途、酒楼泉州楼で酒を酌み交わし、労を慰めた。

文化庁の「文化遺産オンライン」で閲覧できる「郵

一六　「叢柴《むらしば》」即ち群がり生えた雑木の意に同じか。
一七　現在の宮城県大崎市古川荒谷地区
一八　火消しの組員
一九　現在の栗原市築館と金成地区
二〇　不詳。「巾」はぬの、きれの意ゆえ、寝巻や寝具の類のことか。

四月二十日　快霽

早起旅装を整へ亀屋を発し、車上衣川の古戦場を望み、北上川の激流に沿ひ、前沢[一]、水沢[二]、金ヶ崎等の各駅を過き黒沢尻[三]に達す。乃ち旅店金沢屋に投し午餐を喫す。黒沢尻は羽後横手に通すへき支道の関門にして、所謂平和街道[四]なるもの之れなり。飯を喫するや腕車を命し平和街道に入る。黒沢尻より下夕村[五]に到るの間三里余は平原に一直線の路線を開鑿《かいさく》したるものなれは、車輪滑かに転し殊に壮快を覚ふ。下夕村を過き山麓を縈回《えいかい》[六]するに当り、

便馬車賃銭記」（明治六年の郵便馬車会社の広告）には旅客を乗せた郵便馬車が描かれている。明治一〇年当時も、郵便馬車は旅客を乗せていたようだ。

四月二十日　快晴

早く起き旅の仕度を整え亀屋を出発し、車上から衣川の古戦場を望み、北上川の激流に沿い、前沢、水沢、金ヶ崎等の各駅を過ぎ黒沢尻に達する。そこで旅館金沢屋に投宿し昼食を摂る。黒沢尻は羽後横手に通ずる支道の関門であって、所謂平和街道というのがこれである。ご飯を食べるなり人力車を呼び平和街道に入る。黒沢尻から下夕村に到るまでの間三里余りは平原に一直線の路線を開削したものであるので、車輪は滑らかに回転し殊に壮快な感を覚える。

石塊《せっかい》、嶄崖より崩れ来り、処々小堆を横たゆるに肖《に》たり。於是車を通すること克はざるを知り、樵夫《しょうふ》を傭ひ行李を担はしめ、徒行《とこう》して黄昏杉名畑[七]に達す。乃ち一小茅店《ぼうてん》[八]を尋ね宿泊を乞ふ。時に山翁肉を割き野婦《やふ》酒を温むと雖も、肉口腹《こうふく》をあかしむるに足らす酒酔を取るに足らざれば、唯前山後流に相対して風外人[九]を気取るのみ。之れを都下客寓に比せは、実に別乾坤に游ふの趣あり。赤星と対酌し夜闌《やらん》[一〇]寝に就く。

一　現在の奥州市前沢区にあった宿場町
二　現在の奥州市の中心部
三　現在の北上市の中心部
四　出羽国平鹿郡と陸奥国和賀郡を結ぶことから命名
五　現在の北上市和賀町横川目付近か。
六　めぐる、まがりくねる意
七　現在の岩手県和賀郡西和賀町杉名畑。秋田自動車道錦秋湖SA付近
八　田舎の茶店
九　「風外」とは喧噪や教化の及ばない所のたとえ
一〇　「闌」はまっさかり、たけなわの意

下夕村を過ぎ山麓を巡るにしたがい、石の塊が断崖から崩れて来ており、所々、小さな丘が横たわっているようである。それゆえ車で通ることは無理であると知り、人夫を雇い行李を担がせ、歩いて黄昏に杉名畑に達した。そこで、とある小さな田舎の茶店を捜し宿泊を頼んだ。そこでその山中の茶店の老人が肉を調理し、その店の田舎女が酒を温めてくれたけれども、肉は食欲を満足させるには足りず、酒は酔うに足りなかったので、ただ、前の山、後ろの川の流れに相対して風流人を気取るしかない。これを都下の旅館に比べれば、実に別世界に遊ぶかのような趣がある。赤星と向かい合って酌み交わし、夜更けになって眠りに就いた。

文明開化の東京になじんだ（?）身には、殊の外わびしい奥羽の山中での一泊だったようだ。「山翁」とか「野婦」という言葉には、やや鼻もちならない響きがある。

四月廿一日　快霽

早起杉名畑の寓を発し、徒歩して川尻[一]を過ぎ秋田県境に入り、黒沢[二]に到りて一小茶店に憩ふ。時に正午に垂々《なんなん》とす。乃ち飯を命す。此間残雪途上に堆《つも》り、行歩《こうほ》甚難《かた》し。黒沢以西残雪なしと雖とも、処々石塊《せっかい》の途上に堆積せるを以て、車馬未《いまだ》通すること克はすと云。亦徒行の酸を嘗《な》む。行くこと里余にして一行人に遭ふ。一謁して余に告けて云く「出迎の腕車小松川[三]に来りて竢《ま》てり。乞ふ、速かに行け」と。乃ち赤星と急て幾度か塊堆《かいたい》を越へ、小松川に赴く。未た小松川に入らざるに、山麓、二輌の腕車を認む。於是大に喜ひ雀躍して車処に赴く。両車丁余輩を見て欣《よろこ》ひ迎へ、且つ一瓢一箪《いっぴょういったん》[四]を出して余輩に饗す。於是樵夫をして担はしける処の荷物を腕車に移し、且つ自ら其上に乗り山路を降る。小松川、土淵[五]を過き横手に出てたる頃は下午四時頃にてありしが、本町に入るや河村、沼田[六]余輩を迎ふ。横手を出て

四月二十一日　快晴

早く起き杉名畑の宿を出発し、歩いて川尻を過ぎ秋田県境に入り、黒沢に到ってある小さな茶店に休む。ちょうど正午になろうとしていた。それでご飯を注文する。この間、残雪が途上に残り、歩行は甚だ困難であった。黒沢以西は残雪がないといっても、処々に石の塊が途上に堆積しているので、車馬は未だ通ることができないという。また徒歩で行く辛さを味わう。歩くこと一里余りで一人の旅人に遭う。彼が顔を見るなり私に告げて言うことには「出迎えの人力車が小松川に来て待っている。望む、速やかに行け」と。そこで赤星と急いで幾度か堆積した石の塊を越えて、小松川に向かう。未だ小松川に入らないうち、山麓に二両の人力車を目にする。そこで大いに喜び雀躍して車の処に向かう。二人の車夫は我々を見て喜んで迎え、且つささやかな酒と肴を出して我々をもてなした。そこで人夫に担がせてきた荷物

吉沢坂[七]を登るや、郷人数十人清樽佳厨《せいそんかちゅう》[八]を携て余輩を竢《ま》つ。乃ち車を降り芳志を謝し相酌む。黄昏に及ひ急雨《きゅうう》将に原頭《げんとう》にそゝがんとす。於是杯盤を修め、相携へて懐遠堂に還り小宴を設けて相《あい》談笑す。其快、鈍毫《どんごう》[九]の能く尽す処にあらざるなり。嗚呼《ああ》、此行や厳寒指を威《おど》し凍雪《いてゆき》鴻毛[一〇]を欺むくの期を以て双親《そうしん》を辞し、朝には足を杉嶺の上に凍へしめ、夕には手を最上川頭に亀ならしめたるも、一朝都下に入りては墨堤の桜充分の春を迎へられたるの時に際会し、足微醺《びくん》[一一]によりて踏み、手佳興《かきょう》[一二]のために舞ふか如き、逸游《いつゆう》[一三]を占む。若《もし》夫れ柳橋の月、新橋の柳、不忍池の水、北里《ほくり》[一四]の花の如きは、豈一歩を他人に譲る可けんや。殊に上は五爵[一五]の貴人より下民間有識の名あるものに至りては、日々に談論せざるものなきが如し。況や文人、墨客、学士、紳商の如きをや。苟も閑あれは豈訪問を試みざるの理あらんや。噫《ああ》、本行の快楽何の時か再会するを得へきや。書窓に還り青燈[一六]に対して、茫乎《ぼうこ》として夢の醒む

を人力車に移し、且つ自ら其の上に乗り山路を降った。小松川、土淵を過ぎ横手に出た頃は午後四時頃であったが、本町に入るなり河村、沼田が我々を迎えた。横手を出て吉沢坂を登ると、郷里の人数十人がうまい酒と肴を用意して我々をまっていた。そこで車を降り心遣いに感謝し酒を酌み交わした。黄昏になって俄雨が将に野に降り注ぎそうになる。そこで酒盛りの道具や食べ物を片付け、連れ立って懐遠堂に帰り簡単な酒席を設けてみんなで談笑した。そのうれしさは、なまくらの筆ではよく書き尽くすことができない。ああ、この旅は厳寒が指をかじかませ、凍りついた雪が鴻毛かと見える時期に両親に暇乞し、朝には足を杉嶺の上に凍えさせ、夕には手を最上川のほとりに亀のように縮こませたのに、ひとたび都に入ると墨堤の桜が満開の春を迎えた時に遭遇し、足はほろ酔いで運び、手は興に乗って舞うなど、気ままに遊びほうけた。そもそも柳橋の月、新橋の柳、不忍池の水、北里の花のようなものは、ど

るに異ならず。

京游日誌廿号終

一　現在の岩手県和賀郡西和賀町川尻地区
二　現在の横手市山内黒沢地区
三　現在の横手市山内小松川地区
四　飲み物は一つの瓢、食べ物も一つのわりこにという粗末な食事の例え
五　現在の横手市山内土淵地区
六　河村寅之助と沼田宇源太であろう。
七　吉沢川から現在の横手高校付近にかけての坂
八　うまい酒と肴の意か。
九　「毫」は筆の穂、筆の意
一〇　おおとりの羽毛。非常に軽いものの例え
一一　少し酒に酔うこと。
一二　こころよい趣き
一三　気ままに好きなことをして遊ぶこと。
一四　吉原遊郭の異称
一五　五段階の爵位
一六　青い布や紙が張ってある読書用の灯火

うしてちょっとでも他人に譲ることができようか。殊に上は爵位のある貴人から下は民間の有識者として有名な人に至るまで、日々に談論しないことはないようだ。ましてや文人、墨客、学士、紳商のような方々にあってはなおさらであろう。仮にも閑があればどうして訪問を試みない理があるだろうか。ああ、この旅のような快楽はいつかまた経験することができるだろうか。自宅の書斎に帰り机上の青白い灯りに向かっていると、茫然として夢から醒めたときの心地と変わらない。

京游日誌二十号終り

厳冬の秋田を離れ、春爛漫の東京に遊び、特に今をときめく貴人、識者等と語らい議論できたことは、この上ない喜びであったろう。まさに夢心地の日々であったと思われる。

抱腹奇聞[一]　京游日誌附録

在東都日本橋泉街　耕生戯稿

□[二]たる其髯、燦《さん》たる[三]其服、傍より之れを観察すれは、不問《とわず》して奏任[四]と云はざるを得す。然れとも此人未た都下の風習に慣れざる処あり。若し娼婦、車丁[五]をして其何人たるを勘定せしめは、舌を出して田舎大尽の評をなすや必せり。一日、大尽硯を磨《ま》し一封を認《したた》め、携へ出てゝ之れを郵函[六]に投せんとす。都下の人多くは小函を門に掲け、名《なづ》けて郵便領収函と云ふ。以て配付人の便に供す。大尽誤り解《かい》して信書を投つるの函となし、将に信書を此函に投せんとす。婢傍より之れを観笑[七]を忍て其然らざる所以を語り、且つ路頭を指して別に信書の投函を示す。大尽唖然として覚《さむ》る処あるか如く、直ちに信書函に向て行く。路頭許多の車丁あり。頻々《ひんぴん》乗車を促す。大尽豪然として一々之れを辞し、漸く函に達す。函側面に脚夫[八]信書を集むるの時間を記し、掩《おお》ふに

東京日本橋泉街に在って　耕生戯に記す。

□としたその髯、きらびやかなその服、傍からこれを観察すれば、聞かなくとも奏任官であると言わざるをえない。けれどもこの人は未だ都下の風習に慣れないところがある。もし娼婦や車夫にその何人であるかを評価させれば、舌を出して田舎大尽と評するのが必然である。ある日、大尽は硯を摺り一つの書状を認《したた》め、持って出てこれを郵便函に投げ入れようとする。都下の人の多くは小さな函を門に掲げ、これを名付けて郵便領収函という。それによって配達人の便に供している。大尽は誤解して信書を投げ入れる函とみなし、将に信書をこの函に投げ入れようとする。下女が傍から噴き出したい笑いをこらえてそうではない所以を語り、且つ路上を指して別に信書を投函すべきものを示す。大尽は唖然として目覚めたところがあるように、直ちに郵便函に向かっ

玻璃盤《はりばん》九を以てす。而して其上へに投信の口あれとも蓋あり。常に口を掩ふ。大尽投書口のなきを怪み、玻璃盤のある処より信書を投せんとす。然れとも玻璃盤之れを遮り、書を投すること能はす。人あり、幸に投信口を示す。大尽赫然一〇として漸く信を投つるを得たり。彼の洋燈《ランプ》の側にありて燭に点火を求むるものと対幅の活画となさば果して如何そや。

偽紳士四、五輩あり。辻車一一を傭ひ自分腕車を気取り、梅を亀井戸に問ふ。帰路柳橋に至り、某楼に登り相酌む。両美妓あり、酒を進め絃を弾す。一紳士故あり、酒酣《たけなわ》にして辞し去る。他の紳士止まり酌み、夜半に及ひ帰り散す。明旦楼書《ツケ》を出し、相会して決算をなす。書中金何円、花吉、小茶一二の玉◎と云ふものあり。一紳士美髯《びぜん》を捻《ひね》り笑を含て云「余酣宴一三にして辞し、兄等《けいら》のなす処を知らず。然れとも玉◎と云一項あるを以て之れを推せば、兄等の雅游《がゆう》羨まざるを得ず」と。他の紳士其然らざる所以を弁ずれとも、固く取て之れを聞かず。乃ち之れを都下

て行く。路上には多くの車夫がいる。頻りに乗車を促す。大尽は豪然として一々これを断り、漸く函に達する。函の側面に配達夫が信書を集める時間を記し、それを覆うのにガラス板を用いている。そしてその上に投げ入れる口があるけれども蓋がある。常に口を覆っている。大尽は投函口のないのを怪しみ、ガラス板のあるところから信書を投げ入れようとする。けれどもガラス板がこれを遮り、信書を投げ入れることができない。人が居って幸いに投函口を教える。大尽はかんかんに怒って漸く信書を投函することができた。例の洋燈《ランプ》の側にあって燭に点火しようとするものと対幅の活画とすれば果してどんなもんだろうか。

偽紳士が四、五人いる。流しの人力車を雇い自分の車であるかのように気取り、梅の見物に亀井戸を訪ねる。帰路柳橋に至り、某楼に登り共に酒を飲む。二人の美しい芸妓がおり、酒を勧め三味線を弾く。一人の紳士が故あって、宴たけなわにして辞去する。

の粋客[一四]に質し漸く其意を鮮するを得たり。蓋し一偽紳士の意、娼女[一五]の玉と芸婦[一六]の玉を混同したるものにして、猶味噌と糞を同一視したるが如し。某先生朝野の紳士を冨士見軒に招き、立食の饗応あり。酒甘く肉鮮《せん》にして主客襟胸[一七]を開く。食後一小玻璃器に石嶮（ママ）水を酌み、ボーイ之れを一坐に配附す。蓋し鬚髯《しゅぜん》[一八]を洗はしむるが為なり。一野士[一九]之れを見、日本食の後には必す白湯を喫するものなれは、洋食も亦如此《かくのごとく》ならんと速断を下し、即ち之れを左手に取り一喫半ばを尽す。豈図らんや臭気鼻を蒸し、殆と却吐《きゃくと》[二〇]をなさんとす。一野士傍より之を見、将に絶倒せんと欲すれとも、暫く頤《あご》を抑へ徐々に鬚髯を洗ひ、其飲むべからざるを諷す[二一]。野士面色《めんしょく》[二二]朱の如く恥て、椅下[二三]にかくれんと欲す。両粋客あり、角海老楼芳街屈指の妓店[二四]に登る。優娼金龍、花綾[二五]を擁し肉林酒池の游をなす。一客糞せんと欲し便処に赴く。已に糞了し紙を懐ろに探くる。懐中紙幣入れあり。誤て之れを糞中に落す。取らんと

他の紳士は止まって飲み、夜半に及んで帰り分かれる。明朝請求書を取り出し、一緒に会って清算をする。書中金何円、花吉、小茶の玉というものがある。一人の紳士が立派な髯を捻り笑みを含んで言うには「私は宴たけなわの時に帰ったので、君達のしたことは知らない。けれども玉という一項があることからこれを推測すれば、君達の優雅な遊びを羨ましがらざるを得ない」と。他の紳士がそういうことではない所以を弁じても、凝り固まってこれを聞かない。そしてこれを都下の通人に問い確かめて、漸くその意を解することができたのである。つまり一偽紳士の意は、娼婦の玉と芸妓の玉を混同したものであって、まるで味噌と糞を同一視したようなものだ。某先生が官民の紳士を冨士見軒に招き、立食の饗応をした。酒は甘く肴は新鮮で主客とも胸襟を開いた。食後、一つの小さなガラスの器に石鹸水を入れて、ボーイがこれを一座に配付した。これは髯を洗わせるためである。一人の田舎者がこれを見て、日本食

欲すれとも取ること克はす。而して袋中に三、四拾金[二六]を入る。亦放擲《ほうてき》するに忍ひざるなり。於是赫然として額を摩し、楼丁を召して之れを拾はしむ。袋糞にまみれ宛も豆腐の伝角[二七]に異ならず。乃ち二円を丁に分ち丁寧に洗濯をなさしたりと。嗚呼青砥氏は壱銭を水に落して十銭を与へて之れを拾はしむ。[二八]　粋客四十金を糞に落して僅々二円を与へて之れを拾はしむ。廉《れん》[二九]にあらずして何ぞや。

両紳士花[三〇]を芳街に探り、暁烏[三一]のために屏裡の夢[三二]を破られて帰る。途を土手に取、浅草に出んとす。偶下駄緒を絶ち歩すべからず。車丁頻りに乗車を促す。価を問へば其貴総理大臣の如し。蓋し土手の腕車狡猾の名、都下に喧し。紳士苦を忍ひ洋杖《ステッキ》により下駄を惹き、辛ふして浅草に出て鉄道馬車に乗て帰る。紳士人に遭へは赫然として首を垂る。蓋し下駄を惹くの苦は猶堪ゆべきも、人に遭ふの苦は耐ゆべからざるの意なるべし。而して腕車に投するの金ををしむとは、昨夜劣等の游をなしたるや知る

の後には必ず白湯を飲むものであることから、洋食も亦そのようなものであろうと早合点し、ここにこれを左手に取り一気に半ばを飲んでしまう。予想もしなかったことに臭気が鼻を突き、殆ど嘔吐しそうになる。他の田舎者が傍からこれを見て、将に絶倒したくなるほどであったが、暫く頤《あご》を抑え徐々に鬚を洗い、それは飲むものでないことをほのめかした。田舎者は顔色を朱のようにして恥じて、椅子の下に隠れたいと願った。

二人の通人がおり、角海老楼（芳街屈指の妓店）に登る。優娼の金龍、花綾を擁し酒池肉林の遊びをする。一人の客が糞がしたくなり便所に赴く。已に用を足し紙を懐ろに探す。懐中に紙幣入れがあった。誤ってこれを糞中に落とす。取ろうとするが取ることができない。そして袋の中には三、四十円が入っていた。亦打ち捨てておくのは忍び難いものがある。そこでかっとなって額をこすり、楼の使用人を呼んでこれを拾わせた。袋は糞にまみれまるで豆腐の田

べきなり。

一　腹を抱えて笑わざるを得ない噂話の意。この上京中に耳にしたものか。
二　「髟」の下に「逢」を置いた字のように見えるが、不詳。「蓬」に同じか、その間違いか。
三　きらびやかな
四　明治の官吏の等級の一つ。奏任官
五　人力車夫のことであろう。
六　郵便ポストのことであろう。
七　「歓笑」（よろこび笑うこと。）に同じか、その間違いか。
八　郵便配達員の古称
九　ガラス板
一〇　激怒するさま
一一　流しの人力車
一二　両美妓の名前か。
一三　読みは「かんえん」か。宴たけなわに同じであろう。
一四　「粋人」に同じか。通人
一五　「娼婦」に同じであろう。
一六　「芸者」、「芸妓」に同じであろう。
一七　「胸襟」に同じであろう。
一八　あごひげとほおひげ
一九　「野子」（田舎者）に同じ。
二〇　「吐却」（吐くこと。）に同じであろう。
二一　ほのめかす。

楽に異ならない。それから二円を使用人に分け与え丁寧に洗濯をさせたとのこと。嗚呼青砥氏は一銭を水に落して十銭を与えてこれを拾わせる。この通人は四十円を糞に落してわずかばかりの二円を与えてこれを拾わせる。安っぽいと言わずしてどう言えばいいだろうか。

二人の紳士が花を芳街に探り、明け烏のために遊郭での眠りを破られて帰る。帰り道を土手に取り、浅草に出ようとする。偶々下駄の緒を切らし歩くことができない。車夫が頻りに乗車を促す。値段を聞けばその高価なこと総理大臣のようだ。なるほど土手の人力車が狡猾との評判は、都下に喧しい。紳士は苦しいのを我慢して洋杖《ステッキ》に頼って下駄を引きずり、辛うじて浅草に出て鉄道馬車に乗って帰る。紳士は人に遭えばあからさまに首を垂れる。つまり下駄を引きずる苦はまだ耐えることができるものの、人に遭う苦は耐えることができないという意であろう。そうして人力車に掛ける金を惜しむとは、昨夜下等な遊びをしたことがわかるであろう。

二二　顔色
二三　不詳。文字通り椅子の下の意か。
二四　吉原の有名な楼
二五　金龍、花綾は花魁の名前であろう。
二六　単に三、四十円の言い換えか、硬貨で三、四十円あったという意か、不詳
二七　「田楽」に同じか。
二八　鎌倉の武士青砥左衛門が川に十文の銭を落とし、五十文の松明を買わせて探させた話であろう。
二九　安っぽいこと。安直
三〇　芸娼妓のことであろう。
三一　「明け烏」に同じか。明け方に鳴くカラス
三二　遊郭での眠りの意か。

解題

校注・訳者　加藤愼一郎

『京游日誌』の著者伊藤直純（号　耕餘）は、万延元年（一八六一年）に出羽国仙北郡金沢中野村（現秋田県横手市金沢中野）に生まれ、秋田県会議員や帝国議会衆議院議員を歴任し、鉄道の整備など秋田県の近代化に努めた政治家である。また、後三年合戦の舞台「金沢柵」があったとされる郷里金沢の史跡の保存、顕彰に努めたほか、生涯を通じて文筆に親しみ、多くの著作を残し、昭和八年（一九三三年）に享年七十四歳で没している。

『京游日誌』は、横手市立横手図書館が所蔵する「伊藤耕餘文庫」の中の一冊であり、耕餘の自筆本と考えられる。彼は、幼少時から漢学を学び、特に歴史を好んだ。明治十年（一八七七年）から仙台、東京に遊学し、漢学のほか法律などの習得に励み、明治十四年、国会開設の詔が発せられたのを機に帰郷するや啓蒙、言論、政治活動を開始し、間もなく秋田改進党に加わり、その機関紙等に健筆を振るって頭角を現す。明治二十年（一八八七年）六月には県会議員に初当選する。『京游日誌』は、その直前の時期である二月から四月にかけ県の鉄道敷設請願委員として上京した際の日誌として記されたものである。

明治十四年（一八八一年）に設立された日本初の私設鉄道である日本鉄道会社が翌年から上野・青森間の鉄道敷設を開始し、その後順調な進展をみせると、西奥羽地域においても明治十八年（一八八五年）頃から漸く鉄道敷設の運動が起こり、秋田県会も同年十一月には「鉄道敷設ニ付建言」と題して議長名で県令に提出している。この中では、秋田の今日の衰頽《すいたい》の主因は交通運輸の不便にあり、これを解決するには、鉄道敷設以外にはない。既に鉄道敷設の計画が具体化している山形に線路を接続し、院内峠から雄勝、平鹿、仙北、河辺の各郡、秋田町、土崎港、山本、北秋田両郡を経て青森に通ずる鉄道を敷設すべきであるとしている。さらに明治二十年頃になると、私設鉄道の出願が全国各地で相次ぎ、投機的な性格の強いものも表れるなど、鉄道熱が高まっていた。秋田県の官民においても、青森、山形両県と連携しつつ、奥羽鉄道を私設鉄道として実現することを模索していたものと思われる。

「伊藤耕餘文庫」には「鉄道事件書類　懐遠堂主人」という綴りがあり、その中には「鉄道布設ノ儀ニ付建言」と題する県令に宛てた文書の草稿と思われる一篇がある。この文書が実際に県令に提出された証拠はないが、その内容と、この一篇の次に前掲の県会の「鉄道敷設ニ付建言」が綴られていることからして、これは明治十八年に耕餘が県令に提出した可能性が高いと考えられる。この草稿で彼は「山形ニ於テハ既ニ鉄道布設ノ計画畧完成ノ緒に就キ既ニ某々ノ貴顕等来テ実地ノ巡視ヲ終ヘタリ」という現状認識の下に「交通ノ便ヲ開キ人心ヲ進取ニ駆リ以テ殖産工業ヲ盛ナラシメンニハ」、「鉄道ヲ本県ノ南北ニ貫通シ連絡ヲ山形ニ通シ以テ都下ニ接近ヲ求ムルニ若クハナシ」と主張している。彼が鉄道敷設請願委員に選ばれたのは、彼のこうした主張、活動が評価されたものであろう。

こうした状勢の下に上京した耕餘は、およそ二か月間の滞在中、他の委員らと共に精力的に行動し、官民の鉄道関係の有力者との接触、青森、山形両県関係者等との連携に奔走し、その結果、山形、秋田を経由し青森に達する鉄道（奥羽鉄道）を敷設する私設鉄道会社の創設は、大倉喜八郎ら有力財界人の賛同を得て第二回の発起人会を開催するにまで至った。『京游日誌』の記載からは頗る順調に進展しているように見える。

しかし、その後の歴史はそうはならなかったことを示している。耕餘が帰郷した翌月五月には私設鉄道条例が公布されて私設鉄道の投機的な設立に歯止めがかけられたほか、何といっても資金調達の目処が立たなかったことが要因であろう。奥羽鉄道（奥羽線）の建設は明治二十五年（一八九二年）の鉄道敷設法の公布を待たなければならなかったのである。しかも、翌年から工事が始まったものの、日清、日露の戦争もあって、全線が開通するのは明治三十八年（一九〇五年）のことであった。

このように彼の請願活動は私設鉄道の創設という形では実を結ばなかったものの、およそ二か月の在京中、彼は、この活動を通じて多くの傑出した人物と接触したのはもとより、請願活動の合間を縫って、後藤象二郎など著名人の訪問、秋田県出身者や他の地方人士との交流、先進施設見学や名所見物、演説会の傍聴、根本通明、犬養毅、赤星敬次郎など旧師、旧友との再会等々に東奔西走し、人と情報が行き交う東京のすべてを貪欲に吸収しようとしている。往復の旅もまたそれぞれ印象深いものであった。往きは、藩政期と変わらぬ風雪の中を徒歩で難渋する旅から一転して「神速孰か驚嘆せざるものあらん」という鉄道の旅を体験し、帰りは、郵便馬車での盗難事件に遭遇している。

読者は『京游日誌』に記された耕餘の体験、見聞を通して、鉄道敷設請願活動のみならず、もっと幅広く、当時の東北と東京の世相の具体的な諸側面を臨場感をもって観察することができるであろう。また、『京游日誌』には、有名無名の多彩な人物が登場する。それが教科書にも名が載るような人物であれば、歴史上の人物が突如生身の人間として読者の眼前に現れたような気がするし、それがそれほど知られていない人物であれば、その登場の経緯や場面から、その人物の新たな一面を発見できるなど、『京游日誌』は耕餘と同時代を生きた様々な人々と出会う楽しみも与えてくれる。

然るに、『京游日誌』は横手市立横手図書館所蔵の写本のみが現存し、手軽に目を通すことはできない。幸い一九九三年に柴崎力栄氏が『京游日誌』を素材として「府県の枠を越えた地域性の問題、地域の自己認識と他地域との相互関係について」考察した論考を学術書に掲載し、さらに同氏は一九九六年に『京游日誌』本文を翻刻し、大学の紀要に発表している。（末尾の参考文献参照）しかし、これらは専門の学術研究者向けに書かれたものであり、後者にも注釈や現代語訳は付されていない。まして、大学の紀要となれば、身近な図書館には備わっていない。それ故、一般人がこの書を手軽に読む環境は依然として整っているとは言い難い。それが、注釈と現代語訳、さらに校注・訳者の寸感を付して本書を刊行した理由である。本書により『京游日誌』が少しでも身近なものになることを期待したい。

終わりに、『京游日誌』を読み解く上で参考になると思われる文献を掲げる。

参考文献

柴崎力栄「伊藤直純『京游日誌』の描く明治二十年の東京と秋田」（福地惇、佐々木隆編『明治日本の政治家群像』吉川弘文館、一九九三年所収）
柴崎力栄「伊藤直純『京游日誌』」（『大阪工業大学紀要　人文社会篇』四一巻一号、一九九六年所収）
『山形県行幸記』（山形県教育会、一九一六年）
『日本国有鉄道百年史』第二巻（日本国有鉄道。一九七〇年）
老川慶喜『日本鉄道史　幕末・明治篇』（中公新書、二〇一四年）

中村建治『日本初の私鉄「日本鉄道」の野望』（交通新聞社新書、二〇一一年）
『秋田県史』第5巻（秋田県、一九七七年）
『秋田県政史』上巻（秋田県議会、一九五五年）
伊藤耕餘『故人の面影』（一九三二年）（秋田県公文書館所蔵の「山崎文庫」中の秋田県県政史編纂委員山崎牛角編『伊藤直純編著抜粋』に所収。耕餘が交遊のあった秋田県人の小伝であり、『京游日誌』の登場人物も多数対象となっている。例えば平福穂庵については、一條実輝公から耕餘と穂庵が饗応を受け、夜に入ってから公が席画を求めたところ、穂庵は「燭下筆を執らざるは古来の画法なりとて」固辞したため、後に耕餘が間に入って「牛背笛童」の図を描かせて献じたエピソードー『京游日誌』四月五日の条と関連か？—などが記されている。）
加藤愼一郎「秋田出身「吾妻兵治」って何者？」（『北方風土』76号（北方風土社編、イズミヤ出版発行、二〇一八年に所収。吾妻は『京游日誌』に三月一日以降四回登場する。前二回の表記が「吾妻兵治氏」であるのに対し、後二回は単に「吾妻」となっている。耕餘との関係は依頼者と被依頼者の関係から同志的関係へと進みつつあったのではないか。そこから彼に興味を抱いたのが本稿のきっかけである。明治の代表的啓蒙思想家中村正直の右腕として活躍し、後には清韓両国に向けて漢訳書を刊行した吾妻について、出身地秋田県でほとんど語られることのないのは寂しい。一読を請う。）
加藤愼一郎『羽州金沢古柵の人　伊藤直純』（イズミヤ出版、二〇一〇年）
伊藤直純著、加藤愼一郎校注・訳『書窓の夢』（加藤愼一郎、二〇一二年）

著者略歴

伊藤　直純（いとう・なおずみ）
万延元年12月（1861年）出羽国仙北郡金沢中野村（現横手市）に生まれる。
県会議員、衆議院議員を歴任し、交通の近代化に努める。
後三年合戦の舞台郷土金沢の史跡の保存、顕彰にも尽力
昭和８年８月（1933年）死去

校注・訳者プロフィール

加藤　愼一郎（かとう・しんいちろう）
1949年（昭和24年）仙北郡金沢町（現横手市）生まれ
現在は秋田市住
関心事　身近な郷土の歴史と人物
　　　　特に　後三年合戦
　　　　　　　伊藤直純と戎谷南山
　　　　　　　秋田蘭画と小田野直武
著書等　本書末尾の「参考文献」に掲げるもののほか
　　　　『北方風土』72号〜75号（イズミヤ出版）に論考掲載

京游日誌——明治二十年の秋田・東京往還記
定価〔本体一七〇〇円＋税〕
二〇一九年二月二十日　初版発行
著者　伊藤直純
校注・訳　加藤愼一郎
発行者　安倍甲
発行所　㈲無明舎出版
秋田市広面字川崎一一二—一
電話／(〇一八)八三二—五六八〇
FAX／(〇一八)八三二—五一三七
製版　㈲三浦印刷
印刷・製本　㈱シナノ

ISBN 978-4-89544-651-8

熊谷新右衛門 著・翻刻・伊澤慶治・現代語解説・小松宗夫

秋田日記

Ａ５判・一一九頁
本体二〇〇〇円＋税

天保大飢饉のさなかに気仙沼から米の買付けに来た熊谷新右衛門の秋田紀行。習俗、食文化、産物、交通など、当時の秋田を旅人の目で克明にとらえた驚きの旅日記。

金森正也 著

秋田風俗問状答

Ａ５判・一四八頁
本体二五〇〇円＋税

江戸時代後期、諸国の風俗、習慣を知るために幕府は問状を配布、回答を求めた。その影印版・翻刻・現代語訳。注釈と解説のほか、カラー彩色絵図20頁を付す。

則道 著（三浦賢童 編）著

秋田武鑑

Ａ５判・二四四頁
本体三〇〇〇円＋税

「武鑑」とは、大名や旗本の氏名や家系等を一目でわかるように記した、江戸時代の紳士録。「秋田武鑑」の著者・則道の肉筆をそのまま復元し、解説を付した、秋田藩重臣各家を調査研究する上で必見の書。

佐藤金重・平治 編

莎澤歳時記

Ｂ５判函入・七二〇頁
本体一〇〇〇〇円＋税

明治16年から昭和13年まで約半世紀にわたって、秋田の豪農・佐藤家親子が書き継いだ日記・旅行記に、1万字をこす柳田国男の「序文」を付し、渇仰の稀こう本、再刊！

津村淙庵 著・細川純子 訳

阿古屋の松

Ａ５判・一一五頁
本体一七〇〇円＋税

天明元年（1781）、江戸の商人（歌人）津村淙庵は、奥州街道、羽州街道を通って出羽の国を往復、初めて東北の風景、風俗に接した。本書はその新鮮な驚きと感動を綴った紀行文である。淙庵の見た235年前の江戸中期の東北地方が、瑞々しい現代語でよみがえる。